口絵 1　（本文図 5 - 3 参照）

口絵 2　（本文図 6 - 3 参照）

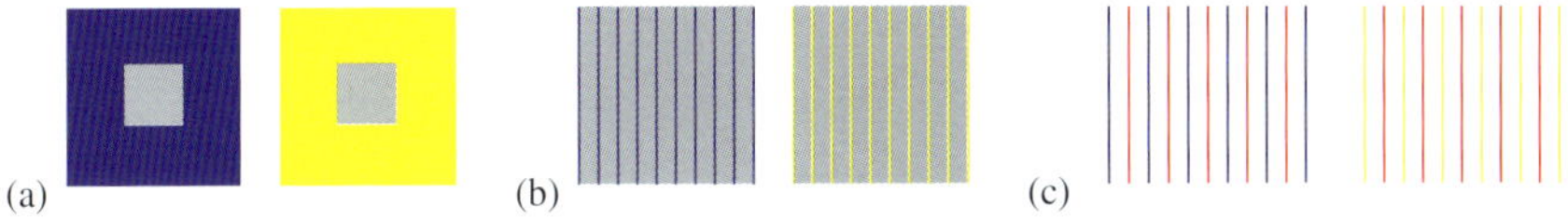

口絵 3　（本文図 6 - 9 参照）

口絵 4　（本文図 6 - 10 参照）

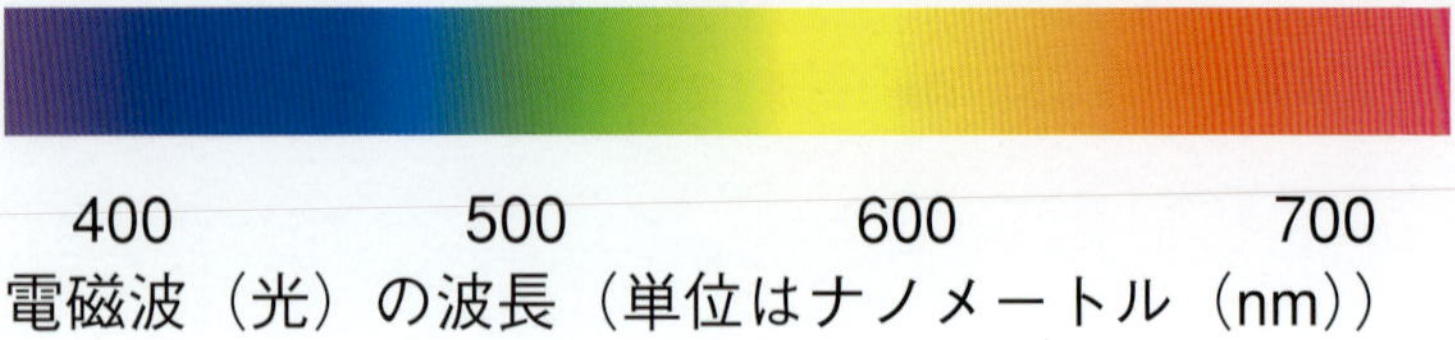

口絵 5 （本文図 7 - 1 参照）

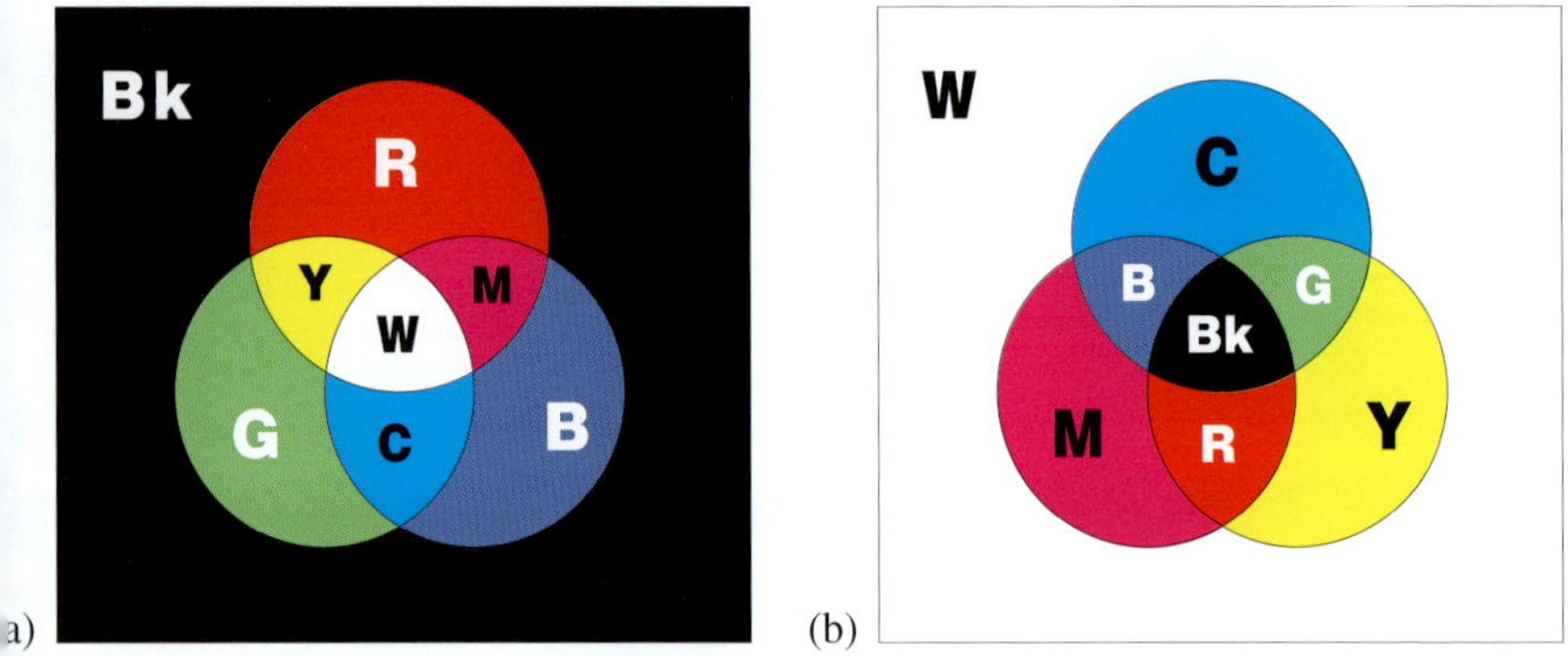

口絵 6 （本文図 7 - 2 参照）

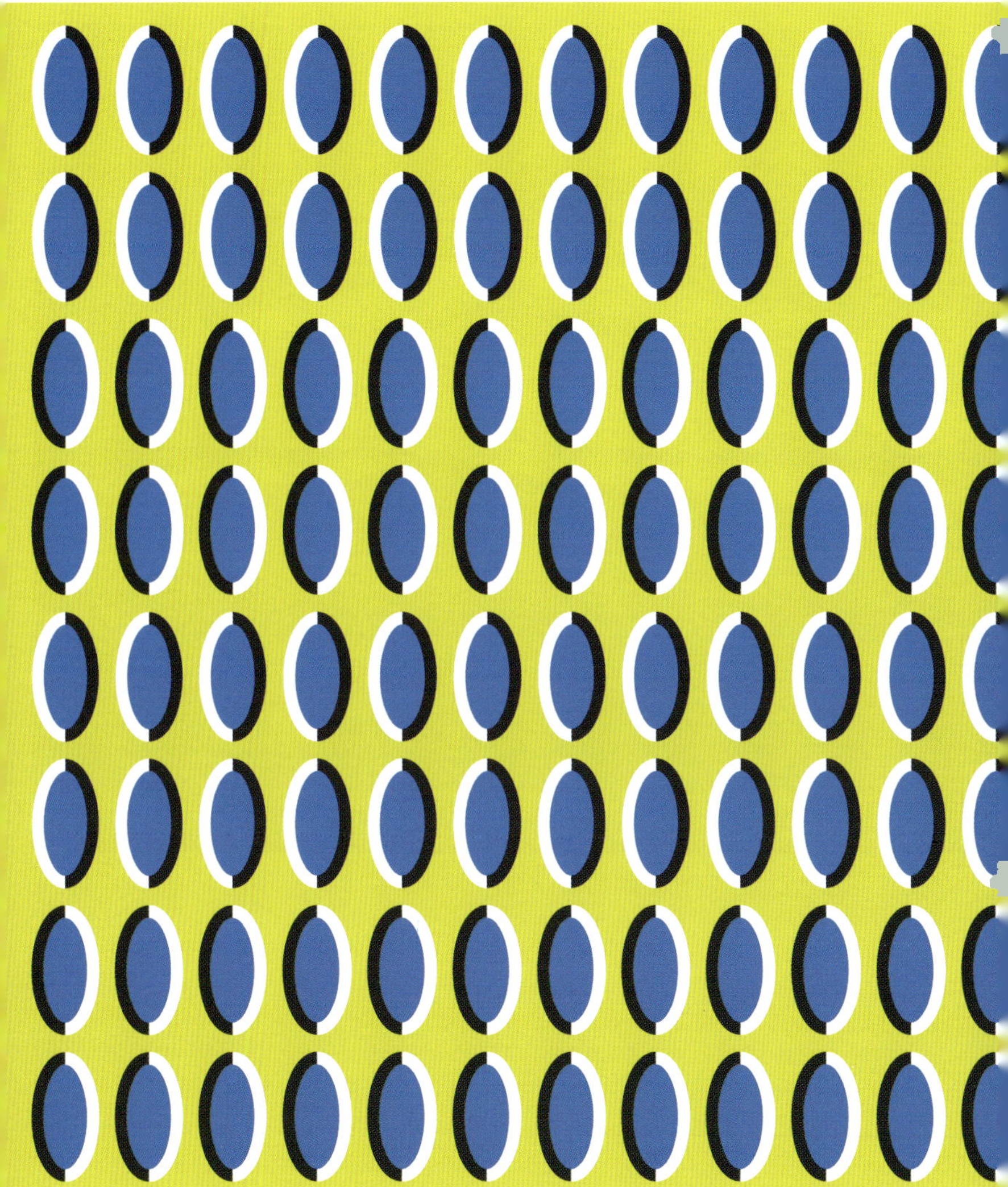

口絵７（本文図７－３参照）

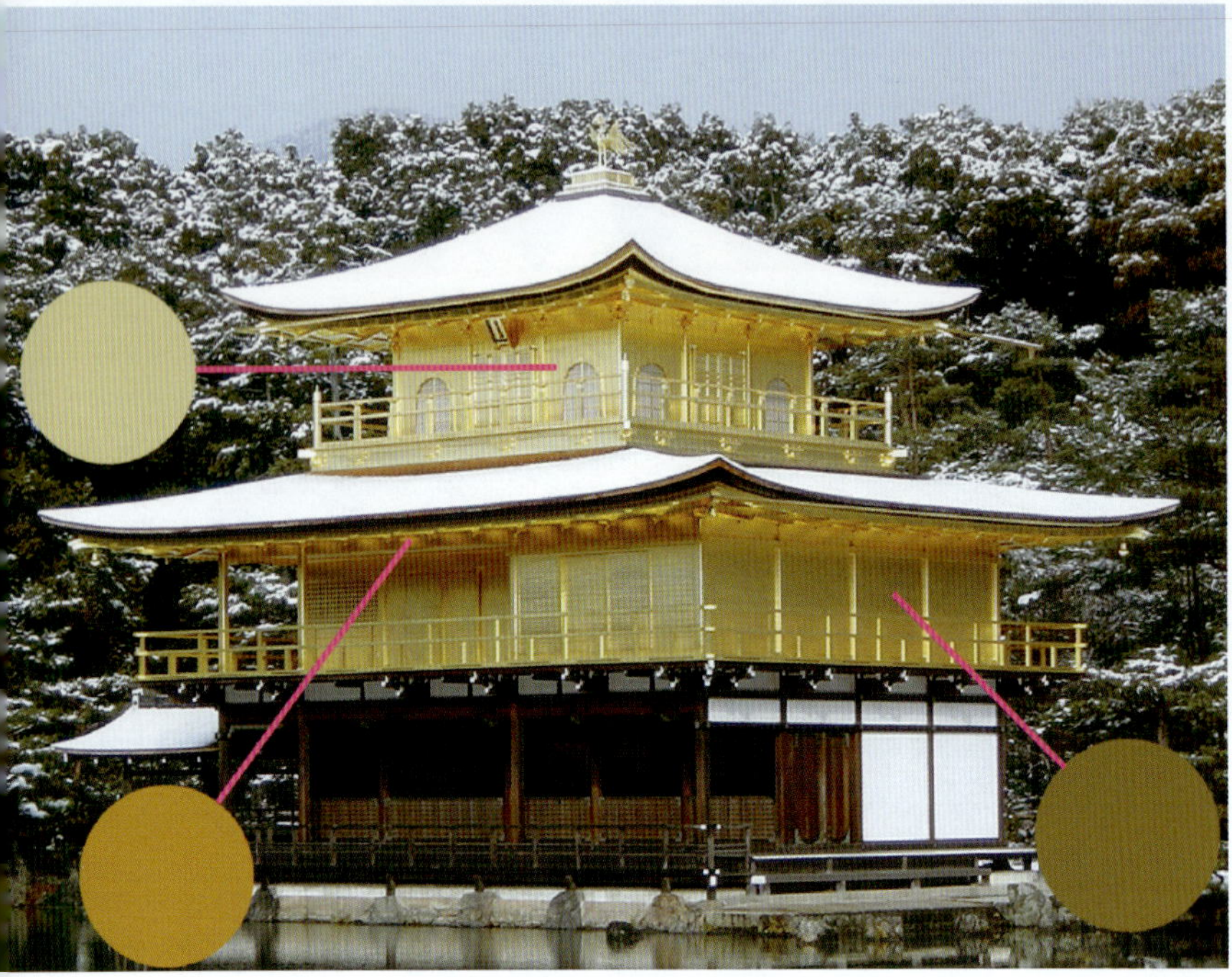

口絵 8 (本文図 15 - 3 参照)

京大人気講義シリーズ

現代を読み解く心理学

北岡 明佳 著

丸善出版

まえがき

本書は心理学の概論書である。心理学の各領域を網羅的に紹介しているのが特徴である。著者は実験心理学が専門だが、人気の臨床心理学はもちろん、宗教心理学や超心理学といったあまり概論書で扱われない分野の紹介も怠っていない。「心理学はおもしろい」が著者の信念であるので、心理学のおもしろさが伝わるように工夫した。しかし、心理学の専門書としてのレベルは維持するようにしてある。

初めて心理学を学ばれる人が通読できることを目標に平易に書いているが、概論書としては各領域の記述の分量は少なめとなっている。そのため、心理学をきちんと学ぼうという人は、もう一冊しっかりした分量の概論書か、それぞれの分野の専門書も併用していただきたいと思う。

著者が推薦したい概論書としては、①松田隆夫（編）『心理学概説』培風館（一九九七）、②今田寛、宮田洋、賀集寛（編）『心理学の基礎・三訂版』培風館（二〇〇三）、③鹿取廣人、杉本敏夫（編）『心理学〔第2版〕』東京大学出版会（二〇〇四）、④リタ・L・アトキンソン、リチャード・C・アトキンソン、エドワード・E・スミス、ダリル・J・ベム、スーザン・ノーレン＝ホークセマ（著）・内山一成（監訳）『ヒルガードの心理学』ブレーン出版（二〇〇二）、がある。推薦したい辞典としては、中島義明ほか（編）『心理学辞典』有斐閣（一九九九）、がある。

本書は、一人の著者が書いたものであるため、内容の選択や表現の仕方などが一貫していることが特徴である。これは、心理学の概論書としては珍しいことといえる。心理学の概論書は、数人で分担執筆することが普通である。

なお、本書においては引用文献はつけず、参考文献のみを示した。その理由は、本書は一人の著者で著したものなので、到底すべての引用文献を確かめる余裕がなかったためである。もちろん、孫引き（実際にその本を読まずに引用すること）で引用文献を示してもよかったが、それは正しくない態度であると考えた。そこで、引用文献が必要な場合は、巻末の参考文献に当たってほしい。つまり、本書の参考文献は、本書として推薦したい参考文献であるだけでなく、本書の引用文献でもある。

本書は一五章立てとなっている。これは大学の一セメスターが一五週の講義日を設定することが標準的なため、それに合わせた。一章ずつが独立しているので、講義の教科書として使用する場合は、どこから始められても心配ない。

最後に、本書をお読みいただいて、読者の方々が心理学への興味・理解を深められたら、これ以上の喜びはない。

二〇〇五年二月

北岡明佳

目次

第1章 **心理学とは** ……1
心理学の諸領域／心理学の歴史

第2章 **臨床心理学** ……7
こころの病／PTSD／神経症／うつ病／統合失調症／パーソナリティ障害／心理療法／臨床心理士になるには

第3章 **性格心理学** ……20
シュプランガーの分類（文化的分類）／ABO血液型性格分類（迷信的分類）／フロイトとユングの分類（精神分析的分類）／クレッチマーの体型による類型論／シェルドンの体型による類型論／タイプA・B行動型分類／性格特性論と因子分析／ビッグファイブ／パーソナリティ検査

第4章　非合理性の心理学……30
宗教心理学／マインドコントロールの心理学／奇術の心理学／超心理学

第5章　認知心理学……42
心的回転／ストループ効果／意味記憶の構造／四枚カード問題／スキーマとスクリプト／四枚カード問題・続き／注意／人工知能モデル／四枚カード問題・続きの続き

第6章　知覚心理学……53
ゲシュタルト／恒常性／図と地／錯視／運動視／立体視

第7章　感覚心理学……69
精神物理学／色彩視／聴覚／その他の感覚

第8章　心理統計学……82
心理データを得る／心理データを図にする／心理データを比較する（t検定）／二つの平均を調べるt検定／同じ人から得た二つのデータの平

均を比較するt検定／三つ以上の平均値の比較には分散分析

第9章　学習と記憶の心理学…98

記憶／忘却／再認と再生／長期記憶と短期記憶／宣言的記憶と手続き的記憶／虚偽の記憶／系列位置効果／忘却曲線

第10章　動物心理学…108

条件づけ／試行錯誤学習／洞察／観察学習／欲求・動機づけ・動因・誘因

第11章　生理心理学…118

覚醒と睡眠／脳波／事象関連電位／最近の測定法／報酬系・罰系／大脳半球の機能的左右差／終わりに

第12章　社会心理学…129

対人魅力（二者関係）／認知的一貫性理論（三者関係）／集団はなぜできるか／「三人集まれば文殊の知恵」か？／群集の心理学／その他

第13章 **発達心理学**……139
児童心理学／ピアジェの理論／青年心理学／中・高年の心理学／成人の心理学

第14章 **教育心理学**……148
知性／学習への動機づけ／学習性無力感／教授法／学校心理学／いじめと不登校

第15章 **その他の心理学**……159
犯罪心理学／芸術心理学

あとがき／参考文献／索引

第1章 心理学とは

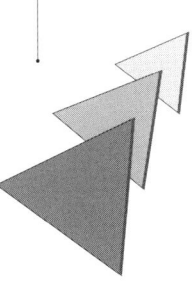

心理学（psychology）*とは、こころの科学である。すなわち、心理学は、こころ、精神、意識、あるいは心的現象の構造や機能を自然科学的手法を用いて研究する学問である。

＊ サイコロジーと読む。psycho がこころ・精神で、logy が論理すなわち学問を意味する。

一見するとこの定義はあたりまえで、いうまでもないことのようであるが、自明の定義ではない。なぜなら、「心理学とは行動の科学である」と定義する研究者が少なくないからである。「心理学とはこころと行動の科学である」と定義している教科書が多いが、そこにも「行動」という用語が入っている。それは、二〇世紀の心理学に多大な影響を及ぼした行動主義（behaviorism）によるものである。行動主義の主張は、「心理学は客観的に測定できない『こころ』を研究対象とするべきではなく、客観的に測定できる『刺激（環境変数）』と『反応（行動）』の関係に研究を限定するべきである」という明快で、極端なものである。

ところが本書ではその定義を採用しない。理由は二つある。一つは、「行動の科学」といってしまうと、それは行動科学（behavioral science）だからである。行動科学は、心理学だけでなく、生物学、社会学、文化人類学、教育学、言語学、人間工学、政治学、経済学、歴史学などを含む広範囲の学際的領域である。

もう一つの理由は、科学の分野はその研究対象によって決まる、と著者は考えるからである。つまり、心理学は「こころ」を研究対象として初めて心理学たりうると考えるのである。確かに、心理学の研究のうちの多くが、生体への刺激と生体の反応の記述に終始する。しかし、それらは研究の手段なのであって、研究方法が学問を規定するわけではない。たとえ得られるデータがすべて環境変数と行動のデータであったとしても、研究対象がこころあるいは心的現象であるならば、それは心理学である。

実は、心理学に客観的な研究態度を厳しく要求し続けたのは行動主義であり、現在もその地位と価値は変わらない。こころの実在性に対する哲学的問いかけに明快な解答を準備しているのも、心理学の中では行動主義だけである。また、行動主義は、抽象度の高い心的概念を対象としている研究を「客観的でない」として批判することがあるが、これは「構成概念を実在するかのように安易に扱ってはならない」と戒めているのである。現実には、たとえば「集合的無意識*」のような仮説的に導入された概念を、オカルト的な実在として扱う論者は少なくない。

* collective unconsciousness. ユング（Jung, C. G.）の用語。ユングは、無意識には個人的無意識と、人類共通で深いところにある集合的無意識があると考えた。

一方、近年のポスト行動主義時代における心的現象の考え方としては、操作主義（operationalism）

が主流であると思われる。操作主義とは，刺激と反応の関係からその中間に位置する心的構成概念を操作できるとすれば，それは行動主義が批判するような思弁にすぎないものではなく，安定した研究対象として扱うことができる，といういわば穏健的な考え方である。

ところが，本書の基本的立場は，「こころは実在する」という積極的なものとする。実在といっても，素朴実在論（native realism）である。「普通」の人が「常識的に」「無意識的に」あると考えるものを「実在する」と考える立場である。そもそも，科学は素朴実在論に立脚している。原子や分子を見た人はいないが，その実在を疑う人はほとんどいない。もっとも，哲学者にいわせれば，自分が見たからといって，その対象の実在性が証明できたことにはならないが。

本書では，肉体を離れた霊魂というようなものの実在を認めるわけでもないし，明確な心身二元論に立つわけでもない。だからといって，唯物論を工夫してこころを説明しようというものでもない。たとえていうならば，「こころ」は「経済」という概念に似ている。「日本経済」はどこにあるかと聞かれれば答えに窮するが（日本にあるとすると日本のどこ？　兜町？　大手町？），それが実在するかと聞かれれば，実在すると答える人が多数であろう。こころはそのようなものである，ということにしておいて，本書は心理学を概説する。もっとも，本書と異なる考え方で理論武装しても，心理学の概説書として記述する内容に違いは生じない。

心理学の諸領域

心理学はこころの「科学」であるという定義なので，本来は，実験によって心的現象の事実や仮説を確かめる、という学問である。といっても、心理学はこころの学問なのでどうしても思弁的な部分は残ってしまうし、心理学の成果を社会の役に立てることを目的とした応用心理学（applied psychology）もある。そのため、定義に忠実に実験を主とする心理学の領域を、特に実験心理学（experimental psychology）とよぶ。

実験心理学を構成する領域は、動物心理学（第10章）、生理心理学（第11章）、感覚心理学（第7章）、知覚心理学（第6章）、認知心理学（第5章）、学習と記憶の心理学（第9章）などが思い出されるが、それら以外でも、たとえば社会心理学（第12章）はほとんど実験心理学である。教育心理学（第14章）も実験的色彩が濃い。

臨床心理学（第2章）は、実験心理学の要素が最も少ない領域の一つである。それは、臨床心理学では、援助を必要とする実際に生活している状態の人間を相手にするので、実験的手続きの導入がいつでも可能というわけではないからである。とはいえ、臨床心理学は人間の理解のための基礎研究も活発に行っている。

本書では、現在最も人気のある臨床心理学から概説し、次第に「低次」の領域に移行し、心理統計学（第8章）を境に、再び「高次」の領域に戻ってくるという構成をとる。学問の価値に高低はないが、心理現象には高次・低次がある。

心理学の歴史

心理学の始まりは、一八七九年にヴント（Wundt, W.）がライプツィヒ大学に心理学実験室を創設したときであるとされる。正確には、一八七五年にライプツィヒ大学に哲学教授として招聘されたヴントが、それまで私的なものであった実験室を正課のゼミナールとしてカリキュラムに組み込んだ年であるらしい。つまり、心理学実験室自体はそれ以前からあったようである。ヴントはそれ以前にヘルムホルツ（Helmholtz, H. L. F. von）の助手をしていたが、ヘルムホルツは生理学のみならず心理学の研究者でもあった。すでに、一八五〇年代にフェヒナー（Fechner, G. T.）が精神物理学（心理物理学 psychophysics）を構想しているし、錯視研究も一八五〇年代から始まっている。

心理学成立以前は、こころの学問といえば哲学であった。実は、哲学者の中でもこころの扱い方に温度差があり、心理学的傾向の強い哲学者が歴史上何人かいる。その最初の哲学者はアリストテレス（Aristoteles あるいは英語でAristotle, 384–322 B.C.）である。アリストテレスは学習や記憶における観念の連合について論じた。触覚の研究において知られているアリストテレスの錯覚（Aristotle's illusion）は、人差し指と中指を交差させて鉛筆をはさむと、一本なのに二本と感じられる錯覚である。アリストテレスの論じた観念の連合については、ロック（Locke, J., 1632–1704）の経験主義（知識の源泉は経験である）によって受け継がれ、今日の学習心理学における連合の考え方の基礎が築かれた。デカルト（Descartes, R., 1596–1650）は物質と精神は異なる実体であり（心身二元論）、精神には生得的な本有観念があると考えた点が、ゲシュタルト心理学（第6章）に通じる。

ロックの経験主義的立場を引き継いだバークリー（Berkeley, G., 1685–1753）は「知覚されるものが存在する」という主観的観念論（subjective idealism）あるいは唯心論（spiritualism）を主張したが、これは現象学的*であるともいえるし、ゲシュタルト心理学の先駆とみなすこともできる。経験主義哲学者にはヒューム（Hume, D., 1711–1776）がいるが、彼は現象学的であるとともに、宗教心理学の考察（第4章）など、多岐にわたって心理学的検討を行った。

＊ 現象学（phenomenology）とは、主体から独立した物自体を先験的に実体と考えるのではなく、経験に直接与えられた現象そのものをまずは確かなものと考える哲学的立場である。バークリーやカント（Kant, I., 1724–1804）を先駆として、フッサール（Husserl, E.）、メルロ・ポンティ（Merleau–Ponty, M.）と続く。

心理学成立後は、ヴントやティチェナー（Titchener, E. B.）の構成主義*、ウェルトハイマー（Wertheimer, M.）・コフカ（Koffka, K.）・ケーラー（Köhler, W.）のゲシュタルト心理学、ワトソン（Watson, J. B.）・ハル（Hull, C. L.）・スキナー（Skinner, B. F.）の行動主義などの栄枯盛衰を経て、認知心理学の台頭・発展と臨床心理学の隆盛で今日に至っている。

＊ 意識の内容を要素に還元して、それを構成することで意識を研究する立場。ヴントの時代には、自分自身の意識過程を観察する内観法（introspection）が用いられた。内観法は行動主義の批判を浴びてあまり行われなくなったが、現在では、思考中の発話を解析するプロトコル分析（protocol analysis）として復活している。

第2章 臨床心理学

こころの病を緩和したり、こころの病を持つ人がよりよく生活できるよう援助することを目的とした心理学の一領域が、臨床心理学（clinical psychology）である。定義上、心理学は自然科学なので、臨床心理学は心理学の中では特別な分野なのであるが、昨今の臨床心理学への人気の高さを考慮して、本書ではこの早い章で解説する。

もちろん、臨床心理学は人間の理解のための基礎研究も行っている。しかし、臨床心理学の第一の目的は医療*や援助なので、「こころとは何か」ということを知りたい人（要するに科学をやりたい人）は、臨床心理学以外の心理学の各分野も広く勉強されたい。

＊ 医師法との関係のため、臨床心理学では医療ということばを避ける傾向にあるようだ。

こころの病

身体と同様に、こころが病むということはよく知られている。こころの病にもいろいろ種類がある。

近年広く用いられている診断基準にアメリカ精神医学会のＤＳＭ-Ⅳ（diagnostic and statistical manual of mental disease Ⅳ）がある。[*] ＤＳＭ-Ⅳは合理的な最新の診断基準として広く用いられているが、本書ではわかりやすさを優先し、伝統的な用語を基本として説明する。

＊　二〇〇五年一月現在、二〇〇〇年改訂のＤＳＭ-Ⅳ-ＴＲ（text revision）が最新である。次の改定版ＤＳＭ-Ⅴが出るのは二〇一〇年以降とのことである。

本書では、①ＰＴＳＤ、②神経症、③うつ病、④統合失調症、に分けて説明する。番号が若いほど臨床心理士の出番の多いこころの病で（心理療法がよく効果を上げる）、番号が大きいほど精神科医が扱うことの多いこころの病である（薬物療法がよく効果を上げる）。臨床心理士は心理学の専門家で、精神科医は医師であるが、両者協力してこころの病の治療やクライエント[*1]の援助にあたる。両者の違いは、精神科医は薬を処方できるという点である。こころの病にかかった人は、最寄りのカウンセラーや臨床心理士に相談するか、病院の神経科、心療内科、精神科を受診されたい。[*2]

＊1　患者のこと。患者という意味の英語"patient"は辛抱する人という意味に聞こえるので、臨床心理学ではクライエント（client：来談者）という名称を用いる。

＊2　神経科は神経症、心療内科は心身症、精神科は精神病を扱うことになっているが、どの科を受診してもよい。

ＰＴＳＤ

心的外傷後ストレス障害（post-traumatic stress disorder）の略である。災害、事故、犯罪などによる生命にかかわるような外傷体験によって発症する。侵入性再体験、外傷に関連した刺激の回避あるいは無力感、過度の覚醒・緊張の三つが生じる不安障害である。侵入性再体験とは、睡眠時の悪夢や覚醒時のフラッシュバックとして、外傷的出来事をビデオテープを再生したかのようにありありと想起する現象で、恐怖を何度も再体験することである。外傷に関連した刺激の回避というのは、たとえば事故にあった現場に近寄れなくなり、そこが通勤経路だった場合、通勤経路を変更するような行動をとることを指す。過度の覚醒とは、具体的には睡眠障害、易怒性、集中困難、過度の警戒心や過度の驚愕反応などである。反応性の鈍麻を示すことも多く、学習性無気力状態（learned helplessness）との関係も考えられる。学習性無気力状態とは逃避不能の罰状況に置かれた生体は、逃避可能な状況になっても逃避しなくなる現象である（第14章）。恐怖自体が無力感を生むという可能性もある。

ＤＳＭ-Ⅳでは、このような症状が三か月以上続く場合、慢性のＰＴＳＤとよび、三か月未満を急性としている。なお、外傷的体験後二日以上四週間以内に起こり、あるいはその期間持続するものとして、急性ストレス障害（ＡＳＤ：acute stress disorder）がＰＴＳＤとは別のカテゴリーとして設定されている。

治療としては、３Ｒが必要とされる。３Ｒとは、再体験（reexperience）、解放（release）、再統合（reintegration）である。具体的な治療法としては、系統的脱感作法（systematic desensitization）やＥＭＤＲなどがある。系統的脱感作法はウォルピ（Wolpe, J.）によって始められた行動療法の代表例で、クライエントの不安を軽減するために、弛緩訓練（筋緊張を下げる訓練）を用いて、クライエントが不安を感じることが少ないイメージから多いイメージに順番に慣らしていくという技法である。

ＥＭＤＲとは、眼球運動による脱感作と再処理法（eye movement desensitization and reprocessing）

の略で、まずクライエントに恐怖を感じる場面をイメージさせ、セラピストがクライエントの目の前で指を一定の速度で左右に動かし、その指をクライエントに追跡させると治療効果がある、というものである。EMDRはシャピロ（Shapiro, F.）によって一九八九年に報告されて以来、多くの研究が行われている。治療効果は眼球運動そのものにあるのではなく、二つの注意刺激（dual attention stimuli）を与えることで、PTSDによって機能不全に陥った情報処理過程を回復させることにあるという。

神経症

神経症（neurosis）とは、不安を基調としたこころの変調状態である。その点はPTSDと同じであるが、PTSDでは発症の契機となる出来事が明確であるのに対し、神経症でははっきりしない。フロイト（Freud, S.）は、抑圧されて無意識に沈んだ過去のこころの傷＝トラウマ（trauma）が神経症の原因であると考えた。神経症には、不安神経症、恐怖症、強迫神経症、ヒステリー、心気症、離人症、神経性食欲不振症などが知られている。

不安神経症とは、何を恐れているのかわからないままに、不安状態が持続して、クライエントが苦しむ病である。持続的に不安が継続するタイプと、パニックを起こすタイプがある。前者はDSM-Ⅳでは全般性不安障害（generalized anxiety disorder）とよばれ、手のふるえ、頭痛、動悸、不眠などの身体症状を伴うことが多い。パニックを起こすタイプは、DSM-Ⅳではパニック障害（panic disorder）として独立した症候群として分類される。パニック発作（panic attack）とは、激しい不安反応が突然始まり、動悸、発汗、ふるえ、めまい、窒息感、死の恐怖などの症状が一〇分以内に最高潮に達する現象である。パニック発作を起こすと、再びパニックを起こすのではと予期不安を生じることで外出を怖がるようになり、生活に支障をきたすことがある。不安神経症には認知行動療法や薬物療法が有効とされる。

恐怖症（phobia）とは、不安の対象が明らかな神経症である。その対象に不安を感じていることを非合理であると自覚しているが、その不安を鎮めることができない。不安の対象に応じて、高所恐怖、閉所恐怖、広場恐怖、不潔恐怖などがある。たとえば、高所恐怖の人は、高い建物が近くにあるというだけで、その建物に自分が登って恐怖を味わうのではないか、と考えて不安状態に陥る。なお、健常人でも高いところに登ると恐怖を感じる人がいるが、それは高所恐怖とはいわない。恐怖症には行動療法が有効とされる。

強迫神経症（obsessive–compulsive neurosis）とは、恐怖症が行動面に現れた神経症である。たとえば、不潔恐怖のクライエントは手をいつまでも洗い続けるといった行動を示す。この行動を強迫行動という。強迫行動は、不潔なもののイメージがなかなか頭から離れないのでそれを払拭するための儀式的行動である。そのしつこいイメージは強迫観念とよばれる。クライエントには強迫観念と強迫行動は非合理であるとの自覚があるので、幻覚や妄想と区別できる。DSM-Ⅳでは強迫性障害（obsessive–compulsive disorder）とよぶ。行動療法や薬物療法が有効とされる。「こだわり」を断ち切り、「あるがまま」の態度で社会復帰させる森田療法（Morita therapy）も用いられる。

ヒステリー（hysteria）とは、器質的障害がないのに目が見えなくなったり、歩けなくなったり、意識や記憶が途切れたりする神経症である。詐病を疑われるが詐病ではない。俗にいうところの、キレることでもない。感覚や運動の機能の一部が麻痺するケースを転換型ヒステリーとよび、意識・記憶・アイデンティティが途切れるケースを解離型ヒステリーという。DSM-IVでは、前者は転換性障害（conversion disorder）あるいは身体表現性障害（somatoform disorders）、後者は解離性障害（dissociative disorders）とよんで、別のカテゴリーである。

心気症（hypochondriasis）とは、健康であるのに重病にかかっているような気がする神経症である。医学的検査で異常がなくても納得しない。ただし、妄想というほど堅固な信念ではない。似たような用語に心身症（PSD：psychosomatic disease）があるが、心身症は基本的には器質的な身体症状であり、その診断や治療に心理的要因についての配慮が必要な病気である。

離人症（depersonalization）とは、現実感覚の喪失を特徴とする。「自分が自分と感じられない」とか「世界がベールを通して見たように見える」という感覚である。離人症は神経症だけでなく、PTSD、うつ病、統合失調症でも生じる。解離性同一障害（いわゆる多重人格）とは異なる。

神経性食欲不振症（anorexia nervosa）とは、三〇歳以下の女性に多く発生する拒食症のことである。太ることへの不安からやせようと食事を拒否したり、食事量を極端に減らしたりする。極端なやせ（標準体重の一五%以上減）や身体像の障害を特徴とする。反動で過食をすることも多い。飢餓で死に至ることがあるので要注意の神経症である。逆に、週二回以上の大食発作が三か月以上続く神経症があり、これは神経性大食症（bulimia nervosa）とよばれる。両者合わせて摂食障害（eating disorder）という。

以上、神経症に共通した点は、不安があるということ、病識があるということと、心理療法が有効であると考えられることである。しかし、ヒステリーには不安が少ないとか、心気症には病識が少ないといった例外もある。

うつ病

うつ病（depression; melancholia）とは、気分が落ち込み、何もやる気が起きなくなり、それなのに何とかしなければと焦る気持ちの中でもがき苦しむこころの病である。単なる無気力ではない。興味や喜びがなくなり、睡眠障害にも苦しむ。「もう生きていてもだめだ」などと将来を悲観する。そのため、抑うつ状態では自殺衝動が発生しやすい。

うつ病にかかった人は病識がないことが少なくないので、周囲の人が心療内科や精神科の受診を勧める必要がある。クライエントの自殺の可能性には常に注意が必要である。周囲の人からの励ましのことばは症状を悪化させると考えられるので、「頑張れ」とはいわないようにする。

うつ病は、DSM-Ⅳでは気分障害（mood disorders）の中にまとめられている。気分障害には下位分類があり、躁《そう》うつ病に相当する双極性障害（bipolar disorders）、強い抑うつ（大うつ病エピソード）を示すうつ病性障害（depressive disorders）、軽いうつ病エピソードが持続する気分変調性障害（dysthymic disorder）などがある。

躁うつ病とは、躁状態とうつ状態が数週間で交替して現れるこころの病である。躁状態とは、気分が異常に高揚し、何でもできる気がする状態である。買い物をしすぎたり、多弁・多動・自尊心肥大で他人に迷惑な言動をしたり、注意散漫で仕事の完成度が低かったりする。躁エピソードのあるうつ病とないうつ病があり、後者が多い。躁エピソードのないうつ病にも数週間規模あるいは日内の気分の変動があり、このような循環性・周期性が以前はうつ病の診断基準の一つとされていたが、DSM−Ⅳでは気分循環性障害（cyclothymic disorder）として、気分障害の一つとしている。

うつ病の治療法は、薬物療法と心理療法である。

統合失調症

統合失調症（schizophrenia）は、一般的には思春期以降に発症し、幻覚、妄想、常同行動、思考や行動の不統合といった陽性症状と、感情や意欲が貧困化するといった陰性症状が示すこころの病である。発症率は全人口の一％弱である。二〇〇二年までは日本語では精神分裂病とよばれていたが、名称からくる差別の問題を軽減するために改称した。なお、英語名称はそのままである。統合失調症は精神病（psychosis）とイコールではなく、そのうちの一つである。*

＊ 精神病とは、現実と非現実の区別がつかなくなった状態を含むこころの病である。原因によって、内因性精神病（統合失調症はこれに入る）、脳器質性精神病、中毒性精神病、心因性精神病などに区別される。脳内のドーパミン作動系の異常との関連性が研究されている。

伝統的分類では、破瓜《はか》型、緊張型、妄想型に分かれる。破瓜型は思春期以降若年のうちに発症し、感情の鈍麻や意欲の低下を示し、人格崩壊に至ることの多いタイプである。緊張型は緊張の強いタイプで、その行動から病気であることが容易に推定できるタイプであるが、近年減少している。妄想型は成人期以降に現れ、幻覚や妄想を主症状とするが、人格崩壊には至らないタイプである。しかし、近年軽症化が進み、分類が困難なケースが多い。ちなみに、DSM-Ⅳでは、評価時点での優勢な症状によって、妄想型（paranoid type）、解体型（disorganized type）、緊張型（catatonic type）などに病型を分けている。

幻覚（hallucination）とは、実際には外的刺激がないのに外的刺激を受けたように知覚する障害である。統合失調症では、自分の判断や行動を他人の声が批評するように聞こえる幻聴（幻声）が多い。妄想（delusion）とは、実際とは合っていない観念・信念を頑固に正しいと思う障害である。幻覚や人格崩壊を伴わず、妄想のみを症状とする場合は、DSM-Ⅳでは妄想性障害（delusional disorder）に分類される。

統合失調症の治療には、おもに向精神薬などの薬物療法が行われる。

パーソナリティ障害

以上の分類以外の主要なこころの病として、パーソナリティ障害（personality disorder）*がある。パーソナリティ障害は厳密にいうと病気ではなく、思考、判断、行動などが平均の人から偏っていて、いろいろな場面で不適応を起こす状態である。DSM以前に精神病質とよばれたカテゴリーに入る。パーソナリティ障害は精神病ではないので、罪を犯したときには心神喪失や心神耗弱（↓刑の減免）は認められにくい。

＊ personality disorder は人格障害と訳されることが多いが、その表現ではクライエントや家族のショ

ックが大きいとの意見がある。

DSM-Ⅳは一〇種類のパーソナリティ障害を認めている。妄想性パーソナリティ障害、シゾイドパーソナリティ障害、失調型パーソナリティ障害、反社会性パーソナリティ障害、境界性パーソナリティ障害、演技性パーソナリティ障害、自己愛性パーソナリティ障害、回避性パーソナリティ障害、依存性パーソナリティ障害、強迫性パーソナリティ障害である。

たとえば、境界性パーソナリティ障害（borderline personality disorder）は、DSM以前は境界例（borderline case）とよばれていた症例である。境界例とは、神経症と精神病の境界の症例という意味であった。不安を訴えたり、パニックを起こしたりと神経症的であるが、病識がなかったり、妄想的言動がある場合があって、精神病的な印象もある。極端な二者関係を求めるのが特徴で、「見捨てられ不安」が異常に強い。たとえば、愛情の相手が少しでも待ち合わせの時間に遅れると、相手に見捨てられたと感じて不安になるとともに、それまで理想化していた相手をこきおろす。そのほか、ヒステリー様の解離症状を示したり、人の気を引くために自傷行動を起こしたりする。

心理療法

心理療法は数多くあるが、①精神分析、②来談者中心療法、③行動療法、の三つが代表的である。心理療法では、治療者をセラピスト（therapist）、患者をクライエント（client）とよぶ。

精神分析（psychoanalysis）とは、フロイト（Freud, S.）が創始した心理療法である。抑圧されて無意識に沈んだトラウマを意識化し、クライエントにカタルシス（catharsis）を得させることで神経症の治療を行う。カタルシスとは、鬱積した感情や葛藤を表現することによって発散させることである。無意識を意識化するときには自由連想法（free association method）が用いられる。自由連想法とは、クライエントの頭に浮かんだことはすべて包み隠さずセラピストに話させるようにすると、無意識に抑圧さていたトラウマ体験や認めがたい感情・欲望が次第に意識に浮上してくる、という方法である。

フロイトによれば、精神の中には二つの力が働いている。一つはイド（id）であり、無意識的な本能エネルギーである。もう一つは超自我（super ego）であり、外から与えられた倫理、道徳、良心にあたる。この二つの力を裁定して現実適応のために働くのが自我（ego）である。イドの本能的欲求は自我と葛藤を起こすが、超自我も自我と衝突する。精神分析による神経症の治療においては、超自我の緩和が重要となる。

来談者中心療法（client–centered therapy）とは、ロジャース（Rogers, C. R.）が創始した心理療法である。クライエントのこころにはもともと自ら成長する力があるとする哲学を持つ。セラピストはクライエントの語ることばをそのまま受け入れ（無条件の肯定的受容：unconditional positive acceptance）、セラピストはクライエントの語る主観的世界を冷静な目を保ちながらもあたかも自分のことのように感じるように努める（共感的理解：empathic understanding）。この結果、セラピストの内部で自己概念（あるべき自己）と自己経験（あるがままの自己）の一致が起こり（自己一致：self–congruence）、このセラピストの自己一致に触れることによって、クライエントの自己不一致が自己一致に変わる。こうして、クライエントが自らの中から自分自身の真の理解に達することができ、治療効果がもたらされるとする。非指示療法とよばれることもある。

行動療法（behavior therapy）とは、客観的に実証された学習理論に基づいて、誤って学習された不適応的行動パターンを消去し、新しい適応的行動パターンの形成を行う心理療法である。古典的条件づけを応用したものとして系統的脱感作法、フラディング法（flooding）、嫌悪療法（aversion therapy）などがある。オペラント条件づけを応用したものとして、トークンエコノミー法（token economy）やバイオフィードバック法（biofeedback）などがある。最近顕著な治療効果を上げている認知行動療法（cognitive behavior therapy）は、心的過程も考慮に入れた行動療法である。

そのほか、認知療法（cognitive therapy）、合理情動療法（rational-emotive therapy）、モデリング療法（therapeutic modeling）、交流分析（transactional analysis）、自律訓練法（autogenic training）、森田療法、芸術療法（art therapy）などがある。クライエントの家族も含めた家族療法（family therapy）もある。

いずれの心理療法も、正式のトレーニングを受けていない素人は、絶対に行ってはならない。

臨床心理士になるには

臨床心理士になるためには、臨床心理士認定資格試験に合格しなければならない。その受験資格は、平成一八年度からは、指定大学院（修士課程）の修了者であることが条件となる。なお、臨床心理士は今のところ国家資格ではなく、日本臨床心理士資格認定協会から授与されるものである。当協会のホームページによれば、以下のような概況となっている。

……心の問題に取り組む専門家の資格認定を行うために、心理臨床に関連のある十六の学術団体（学会）の総意に基づいて、一九八八年（昭和六三年）に「日本臨床心理士資格認定協会」が設立され、「臨床心理士」の資格認定が開始されました。さらに、この協会は、二年後（一九九〇年）には、文部科学省から公益法人格をもつ財団法人として認められ、二〇〇四年現在、一一、五三三名（医師三八一名を含む）の方々を認定し、文部科学省の実施するスクールカウンセラーの任用をはじめさまざまな領域で活躍しています。（http://www4.ocn.ne.jp/~jcbcp/what.htmlに二〇〇五年一月一九日アクセス）

第3章 性格心理学

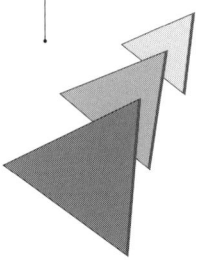

よい社会生活を送るためには、良好な人間関係が欠かせない。そのためには、相手の人柄を知りたい。その「人柄」を研究する心理学が性格心理学である。性格心理学は、人間の個性（individuality）を研究する。*

＊　一方、個人差（individual difference）の側に注目した心理学は、差異心理学（differential psychology）とよばれる。

性格心理学は personality psychology の日本語訳であるが、人格心理学あるいは片仮名でパーソナリティの心理学と訳すこともある。もっとも、「人格」には後天的・学習的という意味が入るとともに、道徳や尊厳があるかどうかといった価値観が入ってしまう難がある。「性格」というと、社会的・道徳的な意味は入らないが、character という英語と対応しやすく、生得的で変え難いというイメージがある。なお、「性格」よりもさらに生得的で生理学的なイメージの概念として、「気質」（temperament）がある。後述するクレッチマーやシェルドンの類型論は気質による分類である。

性格の分類としては、類型論による方法と特性論（次元論）による方法がある。性格類型論（personality typology）とは、人間をいくつかのタイプに分けることである。たとえば、人間を男性と女性に分けることは、生物学的な類型論である。性格類型論には、文化的分類、迷信的分類、精神分析的分類、科学的分類がある。

一方、性格特性論（personality trait theory）とは、性格を規定する要因は複数あり、それらの要因の組合せで特定の性格が現れるという考え方である。性格を規定する重要な要因を特性（trait）とよぶ。特性論には、オールポートの特性論やキャッテルの特性論がある。近年定着してきたビッグファイブも特性論である。

シュプランガーの分類（文化的分類）

了解心理学者*のシュプランガー（Spranger, E.）は、個人は、理論、審美、経済、宗教、社会、政治の六種類のうちのどれを志向するかで、類型化できると考えた。

この類型化には特に実験的根拠があるわけではないが、わかりやすい上にもっともらしいので、しばしば引用される。

＊ 了解心理学（comprehensive psychology ; verstehende Psychologie）とは、「生の哲学者」ディルタイ（Dilthey, W.）が提唱した心理学の立場で、分析的な自然科学的心理学を批判する。了解心理学では、こころを了解によって理解しようとする。了解とは、感性的に与えられた表現や記号を手がかりとして、精神過程を追体験することによる理解である。

ABO血液型性格分類（迷信的分類）

血液型で性格がわかる、という考え方が、現在（二一世紀初頭）の日本においては、若い世代を中心に広く受け入れられている。この考え方は科学的には誤りである。

さらに悪いことには、神社で引くおみくじの場合、大吉や大凶が当たる確率は人によって変わらないが、血液型性格分類ではA型とO型は常にポジティブな評価を受けるのに対して、B型とAB型は常にネガティブな評価を受ける差別の構造となっている。B型とAB型の人は合わせて日本人の三〇％くらいと推定されるので、典型的な少数派差別である。また、血液型によって人間同士に相性があるかのように主張されている。しかし、それらの差別や相性の情報に科学的根拠は与えられていないので、ABO血液型性格分類は、迷信的類型論である。

ところが、ABO血液型性格分類を唱える人は、「血液型性格判断は占いではなく科学である」と主張する。それには一定の根拠がある。なぜなら、ABO血液型性格分類の「科学的根拠」を最初に提唱したのが心理学者だったからである。その心理学者・古川竹二（一八九一―一九四〇）は、昭和初期に血液型気質相関説を発表した。当時ABO血液型は発見後まもない最新の知識で、気質と血液型との関係を調べてみようと考えたことは自然なことである。古川は気質と血液型の間に関係があることを主張した。その直後から血液型気質相関説への関心が高まり、彼の学説を追試した研究論文は三〇〇本を超えたという。しかし、それらの結果は彼の学説と一致しなかった。こうして、発表後数年で血液型気質相関説の学問的価値は失われた（サトウ、高砂＝参考文献）。しかし、一九七〇年代になって、この学説はある作家のベストセラーによって突如復活を遂げ、多くの人々をとりことするようになったという歴史を持つ。

このように、ABO血液型性格分類は心理学（自然科学）ではなく迷信[*]である。しかし、迷信であると断定されて下火になる迷信はほとんどないので（たとえば、友引に科学的根拠はないが、葬式の日としては避ける）、この考え方は容易になくならないであろう。そもそも人間の深層には、非合理性への欲求が一定水準あるとすら考えられるのである（第4章）。

＊ 迷信（superstition）の説明として、スキナー（Skinner, B. F.）の迷信行動がある。スキナーによれば、迷信行動とは、意味のない行動と強化が偶然随伴したときに条件づけられたものである。もっとも、迷信がその程度のオペラント学習の結果であるというなら、適切な消去手続きで消去させることは容易でありそうだが、実際の迷信ははるかに頑強である。

フロイトとユングの分類（精神分析的分類）

フロイトは、性の発達段階への固着という考え方に対応させて、口唇期的性格（愛されることを求める性格）、肛門期的性格（几帳面でケチな性格）、男根期的性格（独断的な男性の性格）・ヒステリー的性格（虚栄的な女性の性格）、性器期的性格（成熟した理想的な性格）に分類した。ユングは、よく知られた外向（extroversive type）―内向（introversive type）以外に、思考―感情および直感―感覚の排他的対立を考えた。そして、これら三軸の組合せで $2^3=8$ 通りの類型を設定した。

クレッチマーの体型による類型論

クレッチマー（Kretschmer, E.）は、精神病と体型の間に関係があることをみいだした。躁うつ病の患者には肥満型の体型の人が多く、精神分裂病（今の統合失調症）の患者には細身型の体型の人が多いことをみいだした。これを精神病の患者以外に一般化して、肥満型には循環気質（躁うつ気質）が、細身型には分裂気質が対応すると考えた。

循環気質（cyclothymia）の人は、社交的・現実的・適応的で、人間らしい温かみや無邪気さを持つ。陽気な気分と憂鬱な気分に支配され、ささいなことで怒るが、すぐ親切で愛想のよい人に戻る。人間関係は良好である。一方、分裂気質（schizothymia）の人は、非社交的・空想的・自閉的であるが、きまじめで整然と筋の通った意見を述べたりする。防衛するべき内面を持ち、無愛想・気難しい・何を考えているのかわからないという印象を他者に与える。

その後、てんかんの患者には闘志型、発育不全型、細長型が多いことがみいだされ、そのうちの闘志型と粘着気質の対応が考えられた。粘着気質（viscosity temperament）の人は、几帳面で粘り強く、他者には礼儀正しく丁寧であるが、いうことはまわりくどく、融通が利かない。時には、自分の正当性を強く主張をして爆発的に怒り、相手を非難・攻撃する。

なお、クレッチマーの分類はデータに基づく実証的なものである。

シェルドンの体型による類型論

クレッチマーの類型論は精神病の患者の分類を基にしているが、シェルドン（Sheldon, W. H.）は健常人（大学生）を用いて、パーソナリティと体型の統計学的分析を行った。その結果、クレッチマーと同じく、体型は三つに分けられた。それぞれ、内胚葉型（消化器系統が発達して丸い体型）、中胚葉型（骨・筋肉が発達してがっしりした体型）、外胚葉型（神経系と皮膚組織が発達したきゃしゃな体型）であった。それぞれの体型と相関を持つ気質を、内臓緊張型気質（社交的でリラックスしている）、身体緊張型気質（精力的で競争的である）、頭脳緊張型気質（抑制的で引っ込み思案である）と名づけた。

この実証的な研究は、結局クレッチマーの分類を再確認したことになった。

タイプA・B行動型分類

せっかちで落ち着かず、競争的・野心的・攻撃的で仕事熱心な人は、タイプA行動型（Type A behavior pattern）とよばれる。このタイプの性格の人は虚血性心疾患になりやすいとされている。その逆に、おおらかで競争的でない人はタイプB行動型と分類され、虚血性心疾患になりにくいといわれる。

この性格類型論は、虚血性心疾患という注目度の高い病気と関係していることが示唆されているので、いろいろな場面でよく言及される。タイプA行動型の人がおおらかで競争的でないよう行動を改めると虚血性心疾患を再発する確率が下がるということから、性格の中でも生得性は低く、学習性で可変的な部分が虚血性心疾患を引き起こす要因となっている例であると考えられる。

性格特性論と因子分析

オールポート（Allport, G. W.）は、性格には、状況に左右されることのない一貫した特徴を持つ複数の成分からなっており、それぞれの成分を特性（trait）とよんだ。オルポートにとって、特性とは特定の個人のみに見られる個人的気質のことであったが、一方で、ある文化集団に固有の特性すなわち共通特性があると考えた。オールポートは因子分析（factor analysis）*に批判的であったが、キャッテル（Cattell, R. B.）以降、因子分析によって特性を抽出することが、性格心理学の中心的な方法となっていった。因子分析で得られた因子を特性と考える方法である。キャッテルは一二因子を抽出した。後に一六因子に増やしている。アイゼンク（Eysenck, H. J.）は、最初、情緒の不安定—安定の次元、外向性—内向性の次元を考えた。この時点では二特性である。その後、精神病的傾向を加えて三特性とした。

＊ たとえば、身長と体重の関係を調べたければ、多くの人の身長と体重のデータをとって、その相関係数（correlation coefficient）を計算すればよい。その相関はおそらく高いであろう。さらに、知能との関係も調べたいとすると、身長と知能、体重と知能の相関係数を計算すればよい。それらの相関は低いであろう。このように項目の数が少なければ、総当りの相関係数を論じることでも全体を理解できるのであるが、項目数が多くなると、そういうわけにもいかない。たとえば一〇項目なら、$_{10}C_2=45$の組み合せ数となって、普通の人の理解を超える。このような場合には、多変量を有意味な少数の項目数に凝縮させる多変量解析が有用である。因子分析は多変量解析の一つである。

ビッグファイブ

現在の特性論の主流である仮説が、ビッグファイブ（Big Five）である。ビッグファイブは、基本的な性格の次元は、外向性（extraversion）、協調性（agreeableness）、良心性（conscientiousness）、神経症的傾向（neuroticism）、開放性（openness）あるいは知性（intellect）の五つの特性からなるとする考え方である。

にぎやかで元気のよい人は外向性が高く、おとなしく無口な人は外向性が低い。温かく親切な人は協調性が高く、冷たく利己的な人は協調性が低い。仕事や勉強に勤勉な人は良心性が高く、根気がなく無責任な人は良心性が低い。気分が不安定で神経質な人は神経症的傾向が高く、気分が安定していて不平不満がない人は神経症的傾向が低い。好奇心が強く思慮深い人は開放性が高く、好奇心や知性に乏しい人は開放性が低い。村上と村上（参考文献）は良心性を勤勉性、神経症的傾向を情緒安定性と言い替え、「でしゃばりか」（外向性）、「よく付き合うか」（協調性）、「よく働くか」（良心性・勤勉性）、「落ち着いているか」（神経症的傾向・情緒安定性）、「賢いか」（開放性・知性）という次元であるとした。

パーソナリティ検査

人間のパーソナリティを調べるために、パーソナリティ検査（性格検査：personality test）がいろいろ考案されている。大別すると、①質問紙法、②投影法、③作業検査法に分けられる。

質問紙法（questionnaire method）とは、パーソナリティ特性や行動傾向などを調べる質問を書いた紙（質問紙）を被検者に渡し、被検者が自己評定をしてそこに回答記入するというものである。短時間に多人数に実施できる。

その代表例がミネソタ多面人格目録（ＭＭＰＩ：Minnesota Multiphasic Personality Inventory）であ

る。五五〇項目の質問と一〇種類の臨床尺度を持つ。被験者の虚偽反応を検出するための妥当性尺度も完備していて、パーソナリティ検査の中で最も信頼性が高いものの一つである。あらゆる臨床場面で用いられるが、質問数が多いため検査に時間がかかる。

そのため、測定したいパーソナリティがあらかじめ決まっている場合、調べたい対象に特化した検査が行われる。たとえば、被検者の不安水準を測定するために、テイラー（Taylor, J.）はMMPIから不安評価尺度を五〇項目取り出し、新たに妥当性尺度を創作して顕在性不安検査（MAS：Manifest Anxiety Scale）を作成した。

そのほか、一二の特性尺度を持ち、検査も採点も容易な矢田部・ギルフォード性格検査（Y–G Personality Test）、心身症や情緒障害の診断に用いるCMI（Cornell Medical Index）、価値観や欲求の特徴を調べることができるEPPS（Edwards Personal Preference Schedule）などが用いられる。

投影法（projective technique）とは、解釈がどうにでもとれるあいまいな刺激を被検者に見せ、その反応からパーソナリティを推定する検査である。長所として、パーソナリティを無意識領域にまでわたり、多面的に測定できることが挙げられる。

投影法には、左右対称のインクの染みのパターンが、被検者には何に見えるかを尋ねるロールシャッハテスト（Rorschach Test）、日常の欲求不満場面を描いた漫画の吹き出しに、自由に文字を入れさせるP–Fスタディ（Picture–Frustration Study）、日常生活の光景が描かれた絵を見せて、登場人物の内面や過去・現在・未来について自由に物語りをつくらせるTAT（Thematic Apperception Test）などがある。

作業検査法（performance test）とは、一定の状況下で一定の作業を被検者に行わさせ、その作業の遂行状況や遂行態度などから、被検者のパーソナリティを測定する心理検査法である。多人数に実施でき、被検者の言語能力に依存しないという長所がある。作業検査法には、一列に印刷された数字を連続して加算していく作業を課す内田・クレペリン精神作業検査（Uchida–Kraepelin Performance Test）や、点・直線・曲線・閉合図形などでできた図形を模写する作業を課すベンダー・ゲシュタルト検査（ＢＧＴ：Bender Gestalt Test）がある。

第4章 非合理性の心理学
――宗教・マインドコントロール・奇術・超自然現象の心理学

人間は合理的（rational）に生きたいと考えている。合理的知識の集成体が科学である。しかし、人間は非合理（irrational）な面もたくさん持っている。たとえば、多くの人間は程度の差はあれ固有の宗教的思想を持ち、宗教的活動を行っているが、科学的合理性に照らせば非合理な行動である。迷信も多い。それは科学の発達とともに将来克服されていくものであろうか。本書の考えは、どんなに科学的知識が増えようとも、人間の非合理性は消滅はおろか減ることすらないであろう、というものである。

宗教心理学

宗教（religion）は個人のこころの問題である、と考える人は多い。それなら心理学の出番である。しかし、心理学の概論書の多くには宗教心理学（psychology of religion）の章がない。その理由の一つは研究者の絶対数が少ないからであるが、なぜ宗教心理学の研究者が少ないかというと、宗教は必ずしも個人のこころの問題ではないからである。宗教の特徴は、自己を超越した神や霊が実在するものとして崇め奉ることや、奇跡を信じたり、超越したものとの接触を通じて神秘的体験を行うことである。つまり、宗教はこころの内部の問題というよりは、心身の外側のどこかに実在すると考えられた超越対象との関係を結ぼうとする活動であったし、今でもそうである。

ところが、心理学は自然科学なので、実証できない超越的なものは扱えない。研究できるのは、宗教や宗教的活動におけるこころの動きや行動に限定される。そのため、宗教の心理学というと、宗教による「自己実現」という方向性を着想してしまいがちである。自己実現（self-actualization; self-realization）とは、自己の中に本当の統合された自分になれる萌芽が隠されていて、それに働きかけることによって、人間は自己実現を行って自分を高められる、あるいはこころの病から解放される、という心理学的信念*である。しかしながら、宗教の本質は「自己抑制」や「自己犠牲」にある。つまり、自己実現とはベクトルが反対なのである。したがって、自己実現の視点からの宗教心理学は、既存の宗教を批判する内容を含むことになる。

* マズローの人間性心理学（humanistic psychology）や、ロジャーズの来談者中心療法（第2章）の中核概念である。なお、このことばを最初に用いたのはユングであるが、ユングは個性化（individuation）ということばのほうを好んだ。

以下、宗教の心理学の歴史を概観してみよう。

ヨーロッパには、「神は人間に一神教を受け入れる理性を与えた」とする理神論的世界観と、「宗教の歴史的発展は一方向で、『原始的でアニミズム的』な多神教から『文明的で理性的』な一神教へ収斂していく」とする宗教社会学的な考え方がある。哲学者ヒューム（Hume, D., 1711–1776）はどちらも否定して、多神教では教義の内部矛盾が生じるから、その矛盾を解決するべく一神教に移行する傾向を持っているが、一神教は人間の持つ多面的な欲求を満たすことができず、結局のところ聖母、聖人、天使といった神性のあるものを複数創造して多神教に回帰する、と論じた。ヒュームは、この人間の持つ多面的な欲求・情念・行動のことを人間本性（human nature）とよび、人間本性が宗教を生んだと考えた。ヒュームによれば、合理的な説明のつかない出来事によって恐怖や希望などの情念が発生したとき、これらの不協和を合理的なものにするために擬人的な神を状況に応じて創造したことが、多神教の成立である。一方、一神教においても人間の情念は関係していて、政治的支配への民衆の心理と同様に、強い者（神）への「恐怖とへつらい」の心情が作用しているとヒュームは考えた。ヒュームは、宗教をこころの問題と考えた点で宗教心理学の開祖といえるし、宗教の集団心理学的研究の先駆者という評価も与えられる。

経済学者マルクス（Marx, K. H., 1818–1883）は、「宗教は民衆の阿片である」と論じたことでも有名である。これは宗教の心理学的一側面をうまく言い表している。すなわち、宗教的活動においてはいろいろな強制や制約を強いられるにもかかわらず、得られる報酬が一見納得のいくようなものではない、というのである。自発した行動に対して正の強化がなされないのにその行動が維持される、という学習理論（第10章）に合わない現象を説明するには、「宗教は阿片（麻薬）だ」というのはうまい表現である。もっとも、物質的な報酬でないと人間の行動の報酬にならないということはないので、宗教＝麻薬説をとらなくても宗教心理学は成立する。なお、ここでマルクスの弁護をしておくと、マルクスは宗教は麻薬だから禁止されるべきだといったのではなく、資本主義的搾取による貧困によって民衆は宗教に耽溺するしかなくなったのだから、資本主義的搾取をなくすべきだ、ということを主張したのである。もっとも、現代に至って、物質的な貧困が克服された国や地域においても宗教は相変わらず求められ続けているので、正しい意味でのマルクス説は正しくなかったようである。

社会学者デュルケム（Durkheim, É., 1858–1917）は、宗教と社会の関係に注目し、神とは社会のことであり、宗教は人々が集団として結合したところに成立するものであると考えた。すなわち、デュルケムは、ヒュームに続いて宗教の集団心理学的側面にスポットライトを当てた。

心理学者ジェームズ（James, W., 1842–1910）は、心的現象を、ある個体が環境に適応し、生存を維持するために働く機能であると考えた。宗教の位置づけもこの機能主義的心理学の枠の中で行われた。したがって、ジェームズは宗教心理学の祖であるとともに、宗教を個人主義的に捉えた。しかし、回心を潜在意識の働きに求め、これがユングの宗教心理学に先行した形になっているのは興味深い。なお、ジェームズは心理学の創設者の一人に数えられる心理学者でありながら、超自然的なものが実在する可能性は捨てきれないと明言した点が特異的である。

精神分析の祖フロイト（Freud, S., 1856–1939）は、宗教とは寄る辺ない人生を耐えやすくするために歪められた世界認識であり、知的後退であって、科学によって克服されるべきものであると考えた。フロイトによれば、神とは幼児的な依存願望に基づいて形成された「高められた父親」である。一方、ユング（Jung, C. G., 1875–1961）は、神話・神秘的体験・呪術的行為を無意識と関係づけた。ユング理論においては、無意識の中の心的変容過程が物質的変容過程として投影されることが、宗教的活動ということになる。

人間性心理学者マズロー（Maslow, A. H., 1908–1970）は、宗教には共通した心的経験があり、これを研究するべきだと考えた。共通した心的経験とは、啓示、回心、恍惚といった神秘的体験の中に一貫して存在すると考えられる心的過程のことで、マズローは至高体験（peak experience）とよんだ。マズローは至高体験は実験心理学的に（科学的に）研究可能であるから、それを個々の宗教から引き離して、霊的な価値を科学的に探求できると考えた。その上で、従来の宗教は至高体験から自己実現に至る過程に抑制的に働くので、従来の宗教に頼ることのない精神的成長モデルを提起した。このマズローの宗教心理学は宗教側からだけでなく、実験心理学や宗教社会学からの批判も強いが、一般社会への認知度という点では大成功を収めた。*

＊ 日本には一九九〇年前後に上陸したとされる「自己啓発セミナー」の多くは、マズロー思想や心理学の諸知識を活用した向社会的なカルトであると考えられる。エンカウンター・グループ（encounter group）や感受性訓練（sensitivity training）などの心理学的なグループ・カウンセリング（group counseling）と異なる点は、自己啓発セミナーでは正式なセラピストを置いていない場合があることである。さらに、受講者がそのセミナーに他者を勧誘するよう、プログラムの中で設定されていることもある。

要約すると、宗教心理学には三つの対立軸がある。①宗教は個人の心理によるものか集団の心理によるものかという軸、②宗教の本質的なものは唯一であるのか多面的なものであるかという軸、③宗教は機能的で善と捉えるか迷信的で悪と捉えるかという軸である。

マインドコントロールの心理学

新興宗教団体のうち、反社会的性質が強く、犯罪や人権侵害を繰り返すような団体を破壊的カルト（destructive cult）とよぶ。常識や分別のあるはずの成人が、破壊的カルトに所属しているうちに人格が極端に変わり、凶悪な犯罪者になることすらあるので、しばしば社会問題として問題になる。破壊的カルトは構成員に対して「マインドコントロール（mind control）」をしていると非難される。はたして、破壊的カルトはその構成員に対してマインドコントロールをしているのだろうか。しているとすると、マインドコントロールとはどのようなものだろうか。

一般の人が想像するマインドコントロールの方法とは、被害者に催眠術をかけるとか、身体を拘束して睡眠を奪うとか薬物を飲ませる、といったものである。まず、催眠（hypnosis）であるが、これは催眠技法によって誘導された変性意識状態（altered state of consciousness）のことである。催眠を導入することによって、被暗示性（suggestibility）の亢進、痛覚の抑制や後催眠性暗示など興味深い現象が観察されるが、それによって人格が変わるとか、自由意志を失うということはない。つまり、催眠はマインドコントロールの道具ではない。

次の睡眠を奪う、薬物を飲ませるといった身体的拘束による思想改造法は、マインドコントロールとはいわず、洗脳（brainwashing）とよばれる。洗脳は、たとえば拘束した敵方のスパイを味方のスパイに仕立て上げるような目的で、二〇世紀半ばに軍事的に実践・研究された。その結果として、洗脳は人の思想や行動を本質的に変える効果は少ないことがわかった。つまり、洗脳もマインドコントロールの技法ではない。

実は、マインドコントロールの基本は、説得や態度変容に関する社会心理学的技法を組み合わせたものである（西田＝参考文献）。それらの技法は社会心理学の初歩的な教科書に書いてある程度のものである。マインドコントロールには、洗脳のような身体的拘束は必要ではなく、破壊的カルトの構成員は、自分は自由意志で破壊的カルトに参加しているのだと確信しているのである。

破壊的カルトは、外部から観察すると、何やら怪しげな団体である。そんな怪しげな団体にどうして新たに加入する人がいるのかというと、うまく説得されるのである。まず、勧誘者は被勧誘者に接触を試みる。最初は「アンケートに答えてほしい」といった受け入れてもらえそうなことを頼む。そのような依頼でも、一度応諾すると、「（その破壊的カルトの）会誌を半年購読してみませんか」といったより抵抗の強いものでも断りにくくなるものである。これは、フット・イン・ザ・ドア（foot in the door）というセールスマンなら誰でも知っている初歩的な社会心理学的技法である。「断る」という行為には心理的抵抗が大きい。

ひとたび勧誘員と面識ができると、単純接触効果や類似性の効果（ともに第12章）によって、勧誘者の対人魅力が高まる。さらに、「あなたはまじめですてきな人だ」とか「あなたは特別にすばらしい」などとほめられると、ほめた人に好感を持つようになる。好意を持った相手には報いたいと思うものであり、これを返報性の規範（norm of reciprocity）という。これらは勧誘を断りにくくする要因となる。

また、人間というものは、自分は何十億人のヒトという動物の一個体にすぎないと認識することよりも、この世の中で何か特別なポジティブな存在であると思いたいという非合理的欲求を持っている。

そのため「あなたは特別に優れている」といった選民的意識をくすぐることばに弱い。この選民的意識に訴える形で、「この世の終末が近づいている。（破壊的カルトの）教えに従って行動すればあなたは救われ、人々も救うことができる」という知識（教義）を与えることが効果的な説得となる。

こうして被勧誘者が説得され、破壊的カルトに入信したとしても、本人は自由意志で入信したと認識しているし、いつでもやめることができると考えている。よほど暴力的なカルトでなければ退会の自由があり、退会希望者に対して身体的拘束でもって引き止めるわけではない。しかし、簡単にやめることはできない。

ひとたび入信すると、社会心理学的技法や学習理論による技法が信者の退会を阻止する。同調（第12章）など集団の多数派の説得的圧力によって信仰が高まる。破壊的カルトのリーダーは一般にカリスマ性があり、[*1] 少数派の影響を信者に与える。少数派の影響というのは、私利私欲を離れたことを毅然として主義主張をする人の説得力は大きい、という現象である。さらに、学業を放棄したり、財産を破壊的カルトにすべて寄進したりすると、人生経験が短くて挫折の経験のない若い信者は、もはや元には戻れないと錯覚する。破壊的カルトは、ついには信者の自由時間を奪うなどの手段で情報を統制し、外部の社会は悪魔や害毒に侵されているなどと信者に教え込むので、恐怖刺激への受動的回避行動（第10章）によって、退会はさらに困難になる。恐怖そのものも無力感を生む特性を持っているようで、信者の行動の選択肢はますます限られてしまう。もちろん、テロなどの反社会的行動に実際に参加させられれば、[*2] 退会という選択肢は考えられなくなる。

＊1　カリスマ性とは、教祖や英雄などが持つ超自然的あるいは非日常的と認識される資質や能力で、信

者や観衆を魅了し、無批判的に従わせる効果を持つ。

＊2　心身ともに健康な状態でも、権威や命令系統にはかなり無理な要求でも人は従うということが社会心理学の研究からわかっている。破壊的カルトにおいて、たとえそれが反社会的な指示であっても、教祖の指示に従わないというのは困難と考えられる。

まとめると、マインドコントロールとは、社会心理学を中心としたごく普通の心理学の技法を使って、破壊的カルトが信者を獲得し維持すること、と定義できる。マインドコントロールの技法は、破壊的カルトだけのものではなく、普通のセールスや普通の宗教勧誘の場合と同じ技法である。[*] 読者の皆さんには、この章の参考文献も併せて読まれた上で、考察を深めておかれるとよい。

＊　もっとも、これらは詐欺の技法としても、監禁の技法としても、広く用いられている。いずれも、被害者は自分の行動を、自分の意思で購入した、自分の意思で指示に従った、と自ら認知しようとする傾向が強く現れる点で、破壊的カルトのマインドコントロールと共通している。

奇術の心理学

奇術（magic）あるいは手品は、知覚をだまして、超自然的現象が起きたかのように見せることによって、観客を驚かせ、喜ばせるショーである。いつもは信用できる知覚がだまされるという点と、超自然現象を思い起こさせる点の二点がおもしろさの源泉であろう。知覚をだますという点では同じである錯視（第6章）との違いは、錯視は物理的にはどうなっていて、見え方はこうであると説明が必要であるが、奇術には必要ではないことである。また、錯視はいかにも目的性のないアーチファクトのような知覚であるが、奇術は合目的的な知覚を出し抜くという点でも異なる。また、奇術は注意を誤った方向に誘導するという点で、認知心理学的要素も含む。

奇術にはタネがあるが、真顔で「タネはありません」と主張して上演される奇術が太古の昔からある。それは、心霊術（spiritualism）とよばれる。最近では、「超能力（supernatural power）」とよばれることが多い。これは、観客が持つ超自然的現象に対する非合理的な欲求に応えるためのショーである。

そのような「いかがわしい」行為をなくそうと、科学者と奇術師を呼んで超能力ショーのからくりを暴こうという試みがしばしば行わる。しかし、そのような啓蒙活動が効を奏したためしがない。まず、科学者を連れてきても、「超能力」の仕掛けを暴くことは容易ではない。なぜなら、「超能力者」はプロフェッショナルの奇術師で、科学者は素人だからである。科学者がだまされる様子を見せてしまっては、啓蒙活動の説得力がない。もちろん同業者である奇術師は「超能力」を明らかにすることができるが、必ずしも観客は超能力が奇術であるという事実を知りたいわけではない。つまり、ある「超能力」が奇術であることが奇術師によって明らかにされても、次の超能力ショーには相変わらず客が入ってしまう。

一方、「超能力者」が「超能力」の存在を科学的に証明したことは一度もない。超能力ショーで演じられる「超能力」は奇術である。なぜなら、演じられる「超能力」は奇術師が再上演できるからである。「超能力者」はそれでも自分のショーは「超能力」によるものであると主張するしかないのだが、科学の基本として、より下位の既知のレベルで説明ができるときに、上位の未知のレベルを仮定してはならないので、説明責任は「超能力者」側にある。[*]「超能力者」が「超能力」の存在を科学的に証明するためには、奇術師がどうしても真似できないものを「超能力者」が上演する必要がある。

＊ モーガンの公準（Morgan's canon）という。

超心理学

サイ（psi）を研究する実験心理学が超心理学（parapsychology）である。[*] サイとは、不思議な体験であって、合理的な説明のできない現象を指す。確かに、超心理学は超常現象・オカルト・超能力といったことを扱う。しかし、超心理学は、心理学的手法を用いて実証的に研究できる範囲のことを研究する。そのため、心理学的方法論（自然科学的方法論）にこだわらない心霊研究とは根本的に異なる。超心理学の研究対象は、超感覚的知覚（ＥＳＰ：extrasensory perception）、テレパシー、予知、念力（ＰＫ：psychokinesis）などである。

＊ 超心理学以外では、トランスパーソナル心理学（transpersonal psychology）が超常体験を扱う。

サイはあるのか、という問いに対する超心理学の答えは明快である。サイはある、合理的な説明のできない不思議な何かがある、というのが答えである。ただし、その力は微小で再現性が低いという点において、超能力ショーで見られる「超能力」の力強さと再現性の高さとは対照的である。また、サイの説明は必ずしも「超能力」のようなものでなくてもよく、たとえば大数の法則（試行を繰り返すと、ある事象の起こる確率はその理論的期待値に近づいていくという定理）が原理的に間違っていた（!?）、といったものでもよい。

ESPのテストにはESPカード（ゼナーカードともいう）を用いる。ESPカードの一枚一枚は、五種類の図形（丸、正方形、星、波、十字）のどれかが描かれている。被験者は見えないところでランダムに提示されたカードの図形を当てる。あてずっぽうで当たる確率は二〇％である。ところが、超心理学の実験では、統計学的に有意に高い確率で当てる被験者を繰り返し得ることができる。ただし、そのような被験者の的中率が一〇〇％になるわけではない。

超心理学者が使っている方法は、実験心理学で使われるごく普通の心理学的手法である。特に心理統計学を駆使する。それもよく洗練され、統制された上質の実験デザインを用いているように見える。研究の数も十分あって、さらなる検討が必要であるとは思えない。超心理学の研究者が、八〇年の長きにわたり、*そろって不利なデータを隠し続けたとかニセのデータを出し続けた、とも考えにくい。

＊ 超心理学は一九二七年にアメリカのデューク大学で始まった。超心理学の創始者はライン（Rhein, J.B.）である。

にもかかわらず、大多数の心理学者を含む多くの科学者は超心理学の成果を拒否する。そのため、科学的にはサイはなかったことになっている。あるいは、サイについてコメントしなくてはならなくなった科学者は、「サイについてはさらに検討を要する」とお茶を濁して逃げるくらいである。それは、今のところサイが科学全体の理論的枠組みに入らないからである。サイが広く受け入れられるためには、超心理学の研究の枠組みの中でありながら、超能力ショーの「超能力」並みのスーパーパワーで、しかも再現性の高い現象がいくつも発見されることが必要なのかもしれない。

第5章 認知心理学

二〇世紀中葉の心理学に大きな影響力のあった行動主義（behaviorism）は、観察可能な刺激（環境変数）と反応（行動）の関係だけが科学の対象となりうるとし、生体の内部の過程（こころ）はブラックボックスとした。この窮屈な考え方から心理学を解放したのが、認知心理学（cognitive psychology）である。認知心理学は一九六〇年代に始まったとされる。

認知心理学は、心的過程の実体性を計算機科学と情報科学の諸概念に求めた。たとえば、長期記憶はハードディスク、記憶したり思い出したりすることは情報の転送といった具合である。そのため、認知心理学は、心理学の中では最も工学的色彩が強い。認知心理学は、行動主義がブラックボックスとした心的過程を研究するのでその研究対象は広く、物体認知、心的イメージ、注意、学習、記憶、思考、言語、問題解決、判断、知能、意識などを扱う。知覚心理学をまるごと包含することもある。社会心理学も認知心理学的要素が大きい。いずれの場合でも、認知心理学は人間の精神活動を情報処理（information processing）と考える。

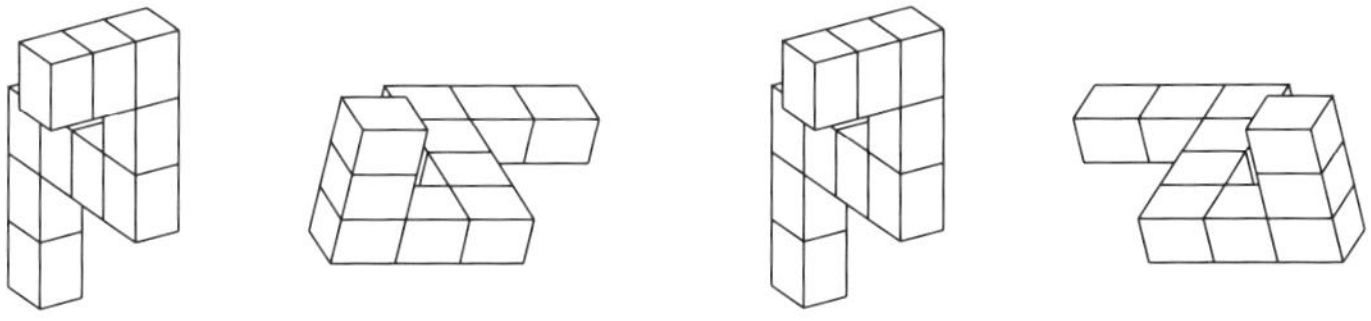

図5-1　心的回転　被験者に与えられた課題は、図のようなブロックの異同を正確に、しかもなるべく速く答えることである。(a)：二つは鏡映像であり、(b)：二つが同じブロックである

この章では、認知心理学における著名なトピックを数点選んで概説する。

心的回転

二枚の立体的な物体の図を被験者に見せて、同じ物体であるか、異なる物体であるかを判断させると（図5-1）、二枚が同じ物体の異なる角度から見た図である場合、その角度の差に比例して反応時間（reaction time）[*1]が長くなる。約六〇度の回転に一秒を要する。この現象を説明するためには、物体の心的イメージ（mental imagery）がこころの中で回転されると考えれば無理がない。これを心的回転（mental rotation）とよぶ。シェパード（Shepard, R. N.）[*2]とメッツラー（Metzler, J.）の研究による。

＊1　潜時（latency）ともいう。
＊2　心的回転ではないが、シェパードは、心的回転を思わせる新しい幾何学的錯視図形を創作した（図5-2）。

これに関連して、イメージ論争というものが行われた。心的イメージは絵画的なものか、命題的なものか、という論争である。パソコンの画像形式で考えると、絵画派（イメージ派）は心的イメージをビットマッ

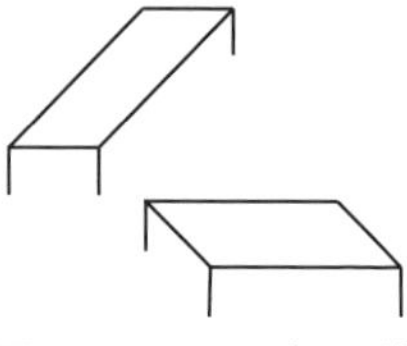

図5-2　シェパード錯視　二つの平行四辺形は全く同じ形であるが、左上の平行四辺形は右下のものよりも細長く見える

プのように考え、命題派はベクトルファイルのように考える。* シェパードは絵画派であった。もし心的イメージが命題的なものであるなら、心的イメージを回転させるのに回転角に比例して時間がかかるはずがないと考えたからであろう。絵画派には、ほかにペイヴィオ（Paivio, A.）やコスリン（Kosslyn, S. M.）がいる。命題派にはピリシン（Pylyshyn, Z. W.）やアンダーソン（Anderson, J. R.）が名を連ねる。なお、命題派のほうが優勢であったとされる。

＊　正確にいうと、絵画派は、イメージは絵画プラス命題であると考えた。たとえば、ペイヴィオの二重符号化理論（dual coding theory）では、イメージと言語の二つの様式が区別された。命題派は、命題だけで心的イメージのすべてが説明できると最初は主張した。命題（proposition）の考え方の中にも、命題＝言語という考え方と、命題系と言語系は別のものであるという考え方がある。後者を心的イメージの二重コード理論（dual-code theory of imagery）という。

多くの人にとって、心的イメージとは、細部はあいまいで、思考によって変更が可能な表象である。ところが、まさに写真画像を再生したような精細で、変更不可能な心的イメージを見ることができる人がごく少数いることが知られている。

そのような心的イメージは、直観像（eidetic imagery）とよばれる。このことは、多くの人にとっては、心的イメージは単純な絵画ではないことを意味している。その後、命題派が心的イメージの絵画的性質も認めるようになって、イメージ論争は下火になった。

ストループ効果

「あか」と書かれた文字を音読することはやさしい。ただ「あか」といえばよい。赤い丸の色を答えるのも比較的やさしい。「あか」と答えればよい。しかし、緑色で「あか」と書かれた文字の色を答えるのは容易でない（図5−3）。「あか」といいそうになって反応時間が長くなるだけでなく、「えーと」といったり、からだを前傾させたり、身振りをしたり、笑いだしたりする。このような葛藤現象をストループ効果（Stroop effect）とよぶ。

ストループ効果は、文字の読解と色の命名という二つの心的過程の間の認知的葛藤が現れたものと考えられる。ストループ効果の最も単純な説明は、単語を読む速度が色の命名速度よりも速いからであると、いうものである。そのほか、知覚の段階において文字と色の競合が起こったという考え方や、概念レベルで文字と色の競合が起こったという考え方がある。また、猫の輪郭の中に「イヌ」と書かれている図があって、その輪郭は何かを答えるという課題でも反応時間が長くなるので、ストループ効果は色と文字の組合せでなければならないわけでもない。ストループ効果においては、より精緻な認知心理学的モデルがいくつも提案され、研究され続けている。

そのほか、ストループ効果は刺激への注意の程度を測定する

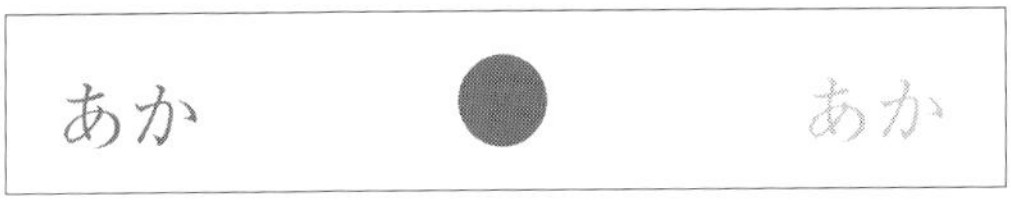

図5－3　ストループ効果を調べるために用いる刺激の例
口絵1を参照。左：文字をできるだけ早く読ませる（ワード・リーディング）。ここでは「あか」と読ませる。中：刺激の色をできるだけ早くいわせる（カラー・ネーミング）。ここでは「あか」といわせる。右：文字の色をできるだけ早くいわせる（カラーワード・ネーミング）。ここでは「みどり」といわせる。しかし、被験者は「あか」といいそうになり、なかなか「みどり」が出てこない

指標としても用いられる。また、ストループ効果の起きやすさとパーソナリティとの関係を示唆する研究が早くから提出され、ストループ効果の研究は認知心理学の枠の中だけに収まっていない。

意味記憶の構造

「カナリアはさえずる」と「カナリアは翼がある」という二つの命題の真偽を答えさせると、「カナリアはさえずる」という命題のほうの反応時間が短い。これは、「さえずる」は「カナリア」に直結した特性であるが、「翼がある」は「鳥」に直結した特性であるからと考えられている。つまり、「カナリアは翼がある」の真偽を答えるためには、「カナリアは鳥である」という包摂関係と「鳥は翼がある」という特性の二つを検索しなければならないからである。そのほか、「カナリアは鳥である」と「カナリアは動物である」を比べると、後者の反応時間が長くなる。後者は「カナリアは鳥である」と「鳥は動物である」という二つの包摂関係を検索する必要があるからである。

なお、「カナリア」、「鳥」、「動物」といった概念はノードと呼ばれ、コリンズ（Collins, A. M.）とキリアン（Quillian, M. R.）の研究によれば、あるノードから一つ上位のノード間に移動する時間は七五ミリ秒、あるノードからそのノードに直結した特性を検索するのに要する時間は二二五ミリ秒であった。

ノードや特性といった概念は、それぞれ結合して、全体としてネットワークを形成していると考えられる。それぞれの概念の記憶は、この意味ネットワーク（semantic network）を通じて活性化されると考えられる。意味ネットワークと独立・並列に、語彙ネットワーク（lexical network）を想定することも多い。その場合は、言語のメカニズムは意味のメカニズムとは別系統と考えるわけである。

四枚カード問題

ある面にはアルファベット、反対の面には数字が書かれたカードがあるとする。もし、アルファベットが母音ならばその裏面の数字は偶数でなければならないという規則があったとする。ここに四枚のカードがあり、「A」、「D」、「4」、「7」であったとする。規則通りになっているかどうかを確かめるためには、最低どのカードをめくればよいだろうか。複数めくってもよい。これは、ウェイソン課題（Wason's selection task）とよばれる。ここで答えを考えたら、四九ページを開けて続きを読むこと。

スキーマとスクリプト

ものごとを理解するには、あらかじめ知識が必要である。ものごとを理解するための知識を、認知心理学ではスキーマ（schema）とよぶ。図式とも訳される。フレーム（frame）とよぶこともある。

たとえば、「改札を通ろうとしたら、ピンポーンと鳴った」という文章があったとする。「改札は鉄道の駅にある」、「音が鳴る改札は自動改札である」、「自動改札で音が鳴るのは切符やプリペイドカードの料金の不足か定期券の期限切れである」といった知識すなわちスキーマがあるので、その文章は「ある人が鉄道の駅の自動改札を通ろうとして、料金不足か定期券の期限切れで改札が閉まった」という意味であることが理解できる。このような「改札スキーマ」が欠けている場合は、そのスキーマを持っている人に質問して、スキーマを補ってもらう必要がある。各種のスキーマは、日常会話以外にも、書籍や新聞・テレビ等の情報の中にも豊富に含まれ、日常的に聞き手に供給されている。

スキーマは「AはBである」とか「CはDをする」とか「鼻は顔の真ん中にある」といった断片的な知識の集合であるが、ものごとを理解するためには、自分あるいは他者が置かれた状況の判断も必要である。そのためには、ある状況で系列的に実行される事象や行動のリストを持っている必要がある。これはスクリプト（script）とよばれる。台本・脚本という意味である。

たとえば、「改札を通ろうとしたら、ピンポーンと鳴った。授業に遅刻した」という文章があったとする。これだけの文章でも、たとえば「ある寝坊の学生がいつものように時間ぎりぎりで学校に向う途中、鉄道の駅を出るときに料金不足で自動改札が閉まり、清算をしていたら時間がかかってしまって、とうとう授業に遅刻した」といった具体的なストーリーが想像（創造）できる。ここで使われるのが「通学スクリプト」で、「家を出て、最寄りの駅に歩いていく」、「最寄りの駅の自動改札に切符を通す」、「電車に乗る」、「目的の駅で電車から降りる」、「目的の駅の自動改札に切符を通す」、「目的の駅から学校に歩いていく」といった一連の行動リストからなっている。料金不足で自動改札が閉まってからは、「清算スクリプト」となる。「自動改札機から切符をとる」、「自動清算機を待つ人の列に並ぶ」、「自動清算機で清算をする」、「自動改札に向う」、「清算の切符を自動改札機に入れる」といった一連の行動リストとなる。

しかし、たとえば「通学スクリプト」では切符は定期券であることが多いことに気づくと、「なぜ定期券を持たずにプリペイドカードなのか」と疑問が出る。その場合は先ほどのストーリーが訂正され、「ある学生がいつものように時間ぎりぎりで学校に向う途中、鉄道の駅を入るときに定期券の期限切れで自動改札が閉まり、定期券の更新をしていたら時間がかかってしまって、とうとう授業に遅刻した」というストーリーに変更される。このように、少ない手がかりから生きたストーリーを構成することで、状況を理解することができる。

このようなスキーマやスクリプトは状況に応じて常に活性化されているのであるが、それを意識することは少ない。しかし、スキーマとスクリプトが活性化されることは、ものごとの認識や思考・判断にとって必要不可欠である。

四枚カード問題・続き

答えは「A」と「7」である。である。「A」・「4」・「7」というように「4」も選ぶ人が多いが、偶数の裏が母音でも子音でも与えられた規則には何の関係もない。この問題は演繹論理を考えればわかりやすい。「aならばb」ならば「bでないならばaでない」(対偶)なので、「A」以外に「7」をめくる必要がある。

この問題は、高等教育を受けた人でも正答率が一〇%以下の難問であることが知られている。この結果から最初に考えられる仮説は、人間は演繹論理を用いないのではないか、ということである。ところが、命題の構造は同じであるのに、正答率の高い四枚カード問題がある。

ある面には飲み物の名前、反対の面にはそれを飲む人の年齢が書かれたカードがあるとする。もし、飲み物の名前がお酒であれば、成年(二〇歳以上)は飲んでよろしいという規則があったとする。ここに四枚のカードがあり、「ビール」、「コーラ」、「一六歳」、「二二歳」であったとする。規則通りになっているかどうかを確かめるためには、最低どのカードをめくればよいだろうか。複数めくってもよい。これは、グリッグズ（Griggs, R. A.）とコックス（Cox, J. R.）の課題とよばれる。ここで答えを考えたら、五二ページを開けて続きを読むこと。

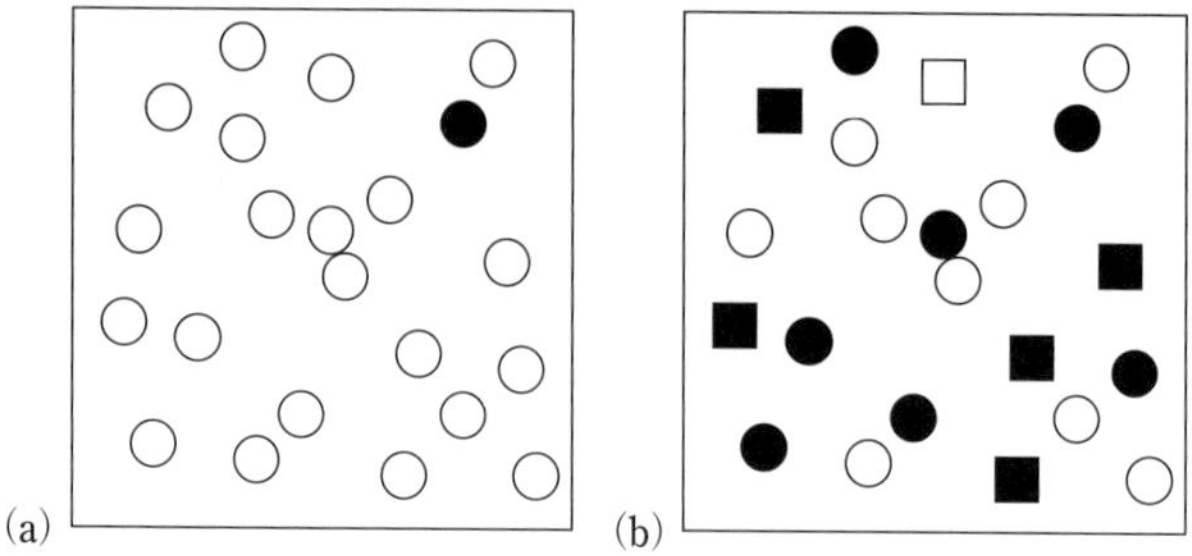

図5-4　(a) 特徴探索の例：右上にある黒丸は、見た瞬間に直ちに見つかる。(b) 結合探索の例：上の中ほどにある白抜きの正方形を見つけるのには、若干時間がかかる

注意

注意（attention）の研究として代表的なものに、トリーズマン（Treisman, A.）らの視覚的探索の研究がある。視覚的探索（visual search）とは、特定の対象（ターゲット）を、それとは異なった刺激特性を持つ複数の対象（妨害刺激）の中から見つけ出す課題である。

ターゲットと妨害刺激の特徴の違いが一つだけの場合を、特徴探索（feature search）という。特徴探索では、ターゲットを見つけるのは容易である（図5-4(a)）。この場合、ターゲットはあたかも飛び出たかのように明確に知覚される。これをポップアウト（pop-out）という。特徴探索では、妨害刺激の数が増えても、ターゲットはポップアウトするので、探索時間は変わらない。

一方、ターゲットと妨害刺激の特徴の違いが複数ある場合を、結合探索（conjunction search）という（図5-4(b)）。結合探索は特徴探索よりも検査時間が長くなる。また、結合探索では、妨害刺激の数が増えると、探索時間が長くなる。これは、結合探索ではターゲットはポップアウトしないので、一つ一つの刺激に順番に注意を当てて、逐次走査をするからと考えられている。

人工知能モデル

学習は基本的には刺激と反応の連合である。行動主義においては、刺激と反応は観察できるものだけであったが、認知心理学においては、こころの中の刺激と反応の連合をモデル化する。これをプロダクションシステム（production system）という。プロダクションシステムは、ある課題遂行のために複数のプロダクションを組み合わせたものであり、それぞれのプロダクションは「○○ならば××せよ」という形式で表現されている。アンダーソン（Anderson, J. R.）のACT*（アクトスター）、ニューウェル（Newell, A.）のSoarなどのコンピュータプログラムが開発され、人間の認知モデルの包括的構築を目指している。

神経回路をまねすることで、人間の認知プロセスをモデル化する研究もある。神経系は神経細胞（ニューロン）の情報伝達システムであり、ある神経細胞が興奮して情報を発信するためには、閾値以上の入力を受けなければならない。この閾値あるいは結合強度の変化が学習であると、神経回路モデル（neural net model）では考える。その中でも有力なものが、ラメルハート（Rumelhart, D. E.）とマクレランド（McClelland, J. L.）による並列分散処理（PDP: parallel distributed processing）モデルである。そこでは、学習理論の強化（reinforcement）（第10章）に当たる概念として、教師信号（supervised signal）という用語が使われる。ＰＤＰにおいては、学習とは、教師信号（望ましい出力）によって、入力ユニットと出力ユニットの結合強度を、誤差逆伝播法（back propagation）という方法で変化させることである。

四枚カード問題・続きの続き

答えは「ビール」と「一六歳」である。ウェイソン課題では「4」を選ぶ人が多かったが、この課題では「二二歳」を選ぶ人は少なくなる。このような具体的で、社会生活の一部として考えられる課題では、推論が容易になることがわかっている。この課題では、「酒を飲んでよろしいのは成年（二〇歳以上）」という規則が「未成年（二〇歳未満）は酒は飲んではいけない」という規則を容易に想起させるのである。ところがウェイソン課題では、「母音なら偶数でなければならない」から「奇数なら母音であってはいけない」という命題の想起がやさしくない。それは実用論的（pragmatic）規則が適用されにくい課題であるから、という説明が受け入れられている。

第6章 知覚心理学

知覚（perception）とは、生体の外からの刺激によって直接的に引き起こされるこころの像で、意識上で経験される見えや聞こえのことである。感覚（sensation）よりは上位で、認知（cognition）よりは下位の心理学的概念であるが、それらの境界は必ずしも明確ではない。あえていうなら、感覚というと生理学的なイメージを持ち、認知というと学習や思考によって変容しうる高次のものというイメージがある。

知覚は生得的なものとして扱われることが多いが、経験によって変容する知覚は知覚学習（perceptual learning）として研究される。知覚学習研究には、発達初期の感覚遮断が成長後の知覚に及ぼす悪影響の研究などがある。そのほかの知覚の考え方としては、知覚は単なる刺激の受容ではなく、生体が環境へ能動的に働きかけることの重要性を説くピアジェ（Piaget, J.）の発生的認識論（genetic epistemology ; épistémologie génétique）や、対象に対してどのように対処するかという意味までが知覚には含まれるとするギブソン（Gibson, J. J.）のアフォーダンス（affordance）の考え方がある。
この章では、視覚（vision）すなわち見る知覚を例にして、知覚心理学（psychology of perception）を概説する。

ゲシュタルト

踏切の警報機の赤いランプの光は、実際には二つの光点が交互に光っているだけで運動していないにもかかわらず、動いて見える。これは仮現運動（apparent movement）とよばれる運動視である。ウェルトハイマー（Wertheimer, M.）は仮現運動の研究から、「こころや意識は感覚要素の和から構成される」というヴント以来の要素主義・構成主義の考え方を批判し、二〇世紀初頭にゲシュタルト心理学（Gestalt psychology）を確立した。そのため、当時のゲシュタルト心理学は、現象観察の重要性を説くとともに、心的現象の全体性を強調した。

「ゲシュタルト」はドイツ語の"Gestalt"のことで、もともとは「形」あるいは「形態」という意味である。心理学の専門用語としてのゲシュタルトは、単なる「形」という意味にとどまらず、それ以上要素に分解すれば意味を失う単位である。すなわち、ゲシュタルトは、知覚・認識のための最小の器あるいは鋳型である。それとともに、器・鋳型というと主体側に備わった実体的概念であるが、[*1]外界の事象に投影されて、客体側の実体として扱われることも多い。[*2]ゲシュタルト同士が結合して上位のゲシュタルトを構成するということはあっても、ゲシュタルトは心理学的実体あるいは心理学的認識論の最小単位あるいは基本要素である。

＊1　アリストテレスの流れをくむ哲学では、ゲシュタルトのような人間の内部に備わった器を形相（form）という。これに対する概念は質料（matter）である。これらは、オブジェクト指向プログラミング（object oriented programming）におけるオブジェクトのクラス型とインスタンスの対応に似ている。

＊2　たとえば、分子（molecule）や原子（atom）を直接見ることはできないが、科学ではあたかもそれらが実在するかのように扱う。その場合、それらは球か塊かのゲシュタルトとして認識される。このような場合の「子」は、物理的大きさの小さいゲシュタルトにつけられる接尾語である。物理学を学ぶと、「量子は不思議な性質を持つ」ことを教わるが、「量子」という名称が球か塊のゲシュタルトすなわち粒子を意味するのに、量子は波動の性質も併せ持つから不思議に感じられるのである。なお、波動も別のゲシュタルトである。

恒常性

よく観察すると、目に映った対象の見え方は不安定なものであるが、その対象は一貫して同じ対象であると知覚される。このような現象を恒常性（constancy）という。視点の違い、視距離の違い、環境光の違い、遮蔽物の有無などの撹乱要因に対して対象の恒常性を保てなければ、環境を正しく知ることができない。恒常性には、大きさの恒常性、形の恒常性、明るさの恒常性、色の恒常性などがある。

大きさの恒常性（size constancy）とは、ある対象が観察者の近くにいても、遠くにいても、同じ大きさであると知覚されることである。友人が遠ざかっていったとき、網膜（眼球の内側の視細胞のある部分）に映る友人の像は小さくなっていくが、友人が小さくなったとは知覚されずに、友人との距離が大きくなったと知覚される。しかし、観察距離がある程度以上大きくなると大きさの恒常性が失われ、たとえば高層ビルの上から眺めた場合、地上を歩く人は人形あるいは豆つぶのように知覚される。

形の恒常性（shape constancy）とは、網膜に映った対象の像が本来とは違っていびつな形をしていても、記憶された「正しい形」に知覚されることである。たとえば、テレビ画像は相当な斜めの角度から見ていても、形が変だとは思わない。形の恒常性は、大きさの恒常性と同様に奥行きの手がかりが重要なので、写真で見ると、斜めから見たテレビ画像は形の恒常性が失われ、歪んで見える。

形の恒常性における「正しい形」は、「○○さんの顔」といった学習によって見慣れた形だけを指すのではない。形の恒常性の他の例として、台形は奥行き方向に傾いた長方形に、楕円は奥行き方向に傾いた円に見える現象がある。この場合、長方形や円が「正しい形」である。このような整った形を「よいゲシュタルト」という。形の恒常性は、よいゲシュタルトを知覚するために、形のひずんだ網膜像から対象の奥行き方向の傾きを推測する過程であるともいえる。[*1] なお、ここで「推測する過程」と表現したが、この過程は無意識的・自動的で、かつ高速であり、知覚した瞬間にはできあがっている。[*2]

＊1　このこととは逆に、最初から長方形や円などの「よいゲシュタルト」として網膜像が与えられると、それが実際はひずんだ形であっても、前額平行面に（視線と垂直の面に）配置された長方形や円に見える。これを利用した錯視デモンストレーションに、エイムズの部屋がある（図6–1）。

＊2　ヘルムホルツ（Helmholtz, H. L. F. von）の語った無意識的推論（unconscious inference）とはこの

(a)

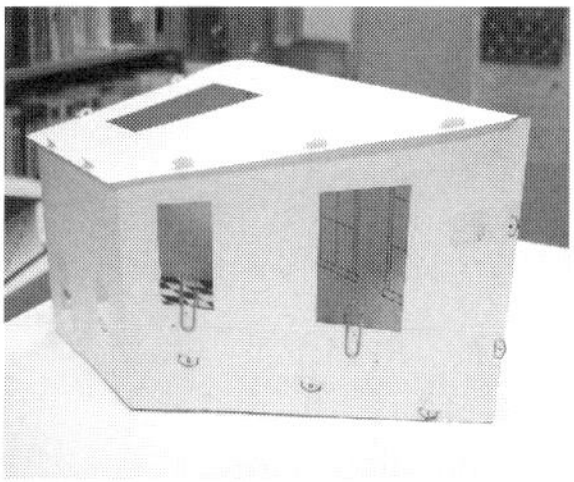
(b)

図 6－1　エイムズの部屋（Ames Room）の簡易版　(a) 大きさの異なるクリップが並んでいるように見えるが、実際には同じ大きさである。よく観察すると、左の小さく見えるクリップはカメラの焦点が合っておらず、右の大きく見えるクリップとは視距離が異なることがわかる。床に刺されているピンも実際には同じ大きさであるが、右のピンが大きく見える。(b) 実際の形、この模型は對梨成一氏による。なお、博物館などで展示される標準的なエイムズの部屋はもっと大きく、比較する対象は人物である。その場合は、人物による大きさの恒常性によって生じるはずの遠近知覚に、形の恒常性による遠近知覚が打ち勝つという劇的な見え方が生じ、観客を魅了する。なお、以上の形の恒常性による説明以外に、部屋は歪んでいても人間の目は見慣れた部屋の形に見ようとするものだから、という「学習説」があり、その説明のほうが好まれる傾向にあることと思われる。

明るさの恒常性（lightness constancy）とは、たとえばある白い紙を室内の蛍光灯の下で見ても、屋外の太陽光の下で見ても、同じ「明るさ」あるいは「白さ」に見えることである。実際にその紙の輝度（luminance）を測定すれば、屋外と屋内では数十倍から数百倍の光の物理的強度の違いが計測できるが、見え方の「明るさ・まぶしさ（brightness）」あるいは「白さ・明度（lightness）」はさほど変わらない。昼間の太陽光下で見る石炭のほうが夜に降る雪よりも反射光は強いのであるが、石炭は黒く、雪は白く見える、というのが明るさの恒常性の古典的な説明フレーズである。

なお、「白い」あるいは「黒い」という属性は物体表面の知覚特性である。こ

図6－3　色の恒常性を含んだ錯視図

口絵2を参照。左上の五つの正方形の「灰色」は右下の五つの正方形のピンクと同じ色であり、右上の五つの正方形の「灰色」は左下の五つの正方形の緑と同じ色である。しかし、そのように見えない。一方、正方形には実際には色がついているのに灰色に見えるという現象が、色の恒常性が働いた結果と考えられる。なぜなら、照明光の色のバイアスに対して灰色は灰色に見え続けるということが色の恒常性であるからである。この図の錯視は「酒井の色の対比」で、立命館大学の学生の卒業論文の図に著者が修正を加えたものである

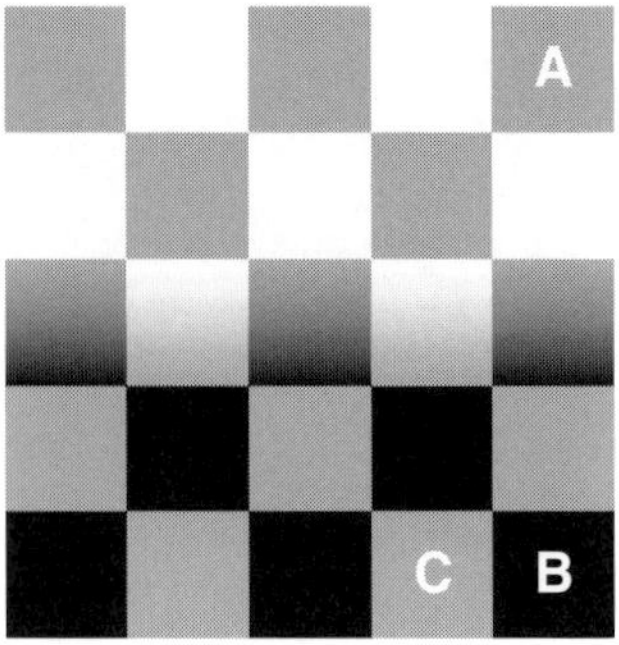

Modified from the checker-shadow illusion proposed by E. H. Adelson

図6－2　明るさの恒常性を含んだ錯視図

この図では、灰色と白の市松模様の上半分に光が当たり、下半分が陰になっているように知覚される。この図では、AとBが同じ性質を帯びているように知覚される（明るさの恒常性）。一方、AはCよりも明るく見える（明るさの錯視）が、輝度ではA＝Cである。なお、白字で書かれた「B」と「C」が「A」よりも明るく輝いた感じに見えるのも明るさの錯視である

れらの属性は、表面色（surface color）とよばれる。＊ 表面色という観点から記述すると、明るさの恒常性とは、物理的な環境の明るさにかかわらず、対象の表面色の知覚がある程度一定の傾向を保つことである（図6–2）。

＊「明るい」や「暗い」で表される知覚特性を面色（film color）あるいは開口色（aperture color）とよぶ。たとえば、空の明るさや色は面色である。「暗い空」というが「黒い空」とはあまりいわない。面色は視線に対して垂直に現れ、視距離の知覚があいまいとなる。それに対して、表面色は物体の表面の属性として知覚され、視線に対しての

面の傾きは知覚された対象の表面の傾きであり、視距離は一定に知覚される。表面色の例として「金色」がある。「金色」から要素の色を取り出して面色にすると、「いろいろな彩度のオレンジ色あるいは黄色」となり、そこには「金色」はない（図15-3参照）。なお、「オレンジ色」や「黄色」は面色にも表面色にもなる。面色、表面色といった現象学的分類はカッツ（Katz, D.）による。なお、カッツの分類では、「金色」は光沢（luster）でもある。

色の恒常性（color constancy）とは、たとえば室内のものを白熱灯の黄味がかった照明光で見ても、蛍光灯の青味がかった照明光で見ても、一定の色に見えることである。しかし、それらの写真を撮って比較すると、色の恒常性が失われるので、実際の色味の違いに驚くことになる。色の恒常性は、明るさの恒常性と同様、物理的な環境光の色味の違いにかかわらず、対象の表面色の知覚はある程度一定の傾向を保つことである（図6-3）。

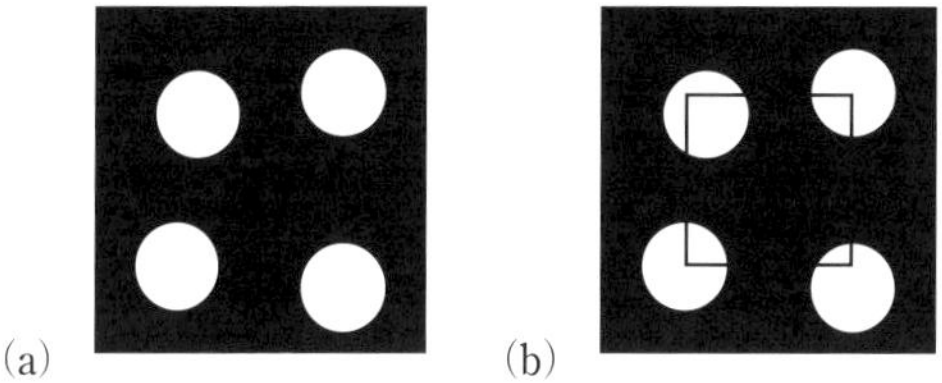

図6-4　「図」と「地」（a）四つの白い円が黒い背景の手前にあるように見えやすい。（b）黒い「壁」に開いた四つの「窓」を通して白い背景と正方形が見えるように知覚されやすい

図と地

図6-4(a)を観察すると、黒い背景の手前に白い四つの円があるように見える。このように、背景の手前に物体として知覚される対象を「図（figure）」とよび、「図」の奥に広がる背景を「地（ground）」という。一方、図6-4(a)を少しだけ変更した図6-4(b)では、黒い正方

形の「壁」に四つの「窓」が開いていて、その窓から白い背景と正方形が見える、というように知覚される。この場合は、「壁」が「図」で、「窓」の向こうの白い背景が「地」である。「地」は「図」の背後に広がって知覚される。

改めて観察すると、図6-4(a)も図6-4(b)のように、壁に窓があるように知覚することもできるようになる。このような図形を図地反転図形（reversible figure-ground figure）とよぶ。図地反転図形としては、ルビンの盃（Rubin vase-face figure）が有名である（図6-5）。そのほか、版画家エッシャー（Escher, M. C.）の作品の図地反転図形の作品群も有名である。最近では、幾何学的錯視の入っ

図6-5　ルビンの盃（著者によるバリエーション）　白い盃が知覚されるときは、黒い部分は背景となる。一方、向かい合ったシルエットの横顔が知覚されるときは、白い部分が背景となる

図6-6　図地反転図形の幾何学的錯視デザイン「カメ」　黒いカメを見ているときは白いカメは見えず（黒いカメが「図」で白い部分が「地」）、白いカメを見ているときは黒いカメは見えない（白いカメが「図」で黒い部分が「地」）。カメの縦・横のエッジは垂直・水平であるが傾いて見える、というのが幾何学的錯視（縁飾りエッジの錯視）である〔拙著『トリックアイズ』より。©Akiyoshi Kitaoka 2002 ©Kanzen 2002〕

た図地反転図形もある（図6‐6）。

三次元の世界を二次元の網膜で捉えるのであるから、ある物体が必然的に背後の物体の一部あるいは全部を隠した像を得ることになる。このことから、「図」と「地」の分離は知覚のメカニズムの最も基本的で必須の機能であることがわかる。

錯視

これまで述べてきたように、視知覚はそのメカニズムがトリック的である。このことは、視覚のトリックが合目的的に機能している場合には問題にならないが、機能性の見当たらない視覚トリックもある。これらは、対象の物理的特性と知覚像にズレがあるということから、錯視（visual illusion）とよばれる。[*]

＊ 合目的的なメカニズムと考えられる両眼立体視や透明視（perceptual transparency）なども錯視の仲間に入れる研究者も多い。

形の錯視は幾何学的錯視（geometrical illusion）とよばれ、旧来の教科書の錯視図形のほとんどは幾何学的錯視であった。幾何学的錯視の研究は長く、一〇〇種類以上が知られているが、大きさの錯視であるミュラー・リヤー錯視や、線の傾きの錯視であるツェルナー錯視などが有名である。幾何学的錯視の説明は数多く試みられてきたが、満足のできる説明は少ない。[*] 図6‐7に代表的な幾何学的錯視を示した。

＊ 幾何学錯視の説明としては、線遠近法説（linear perspective theory）が人気がある。たとえば、ミュ

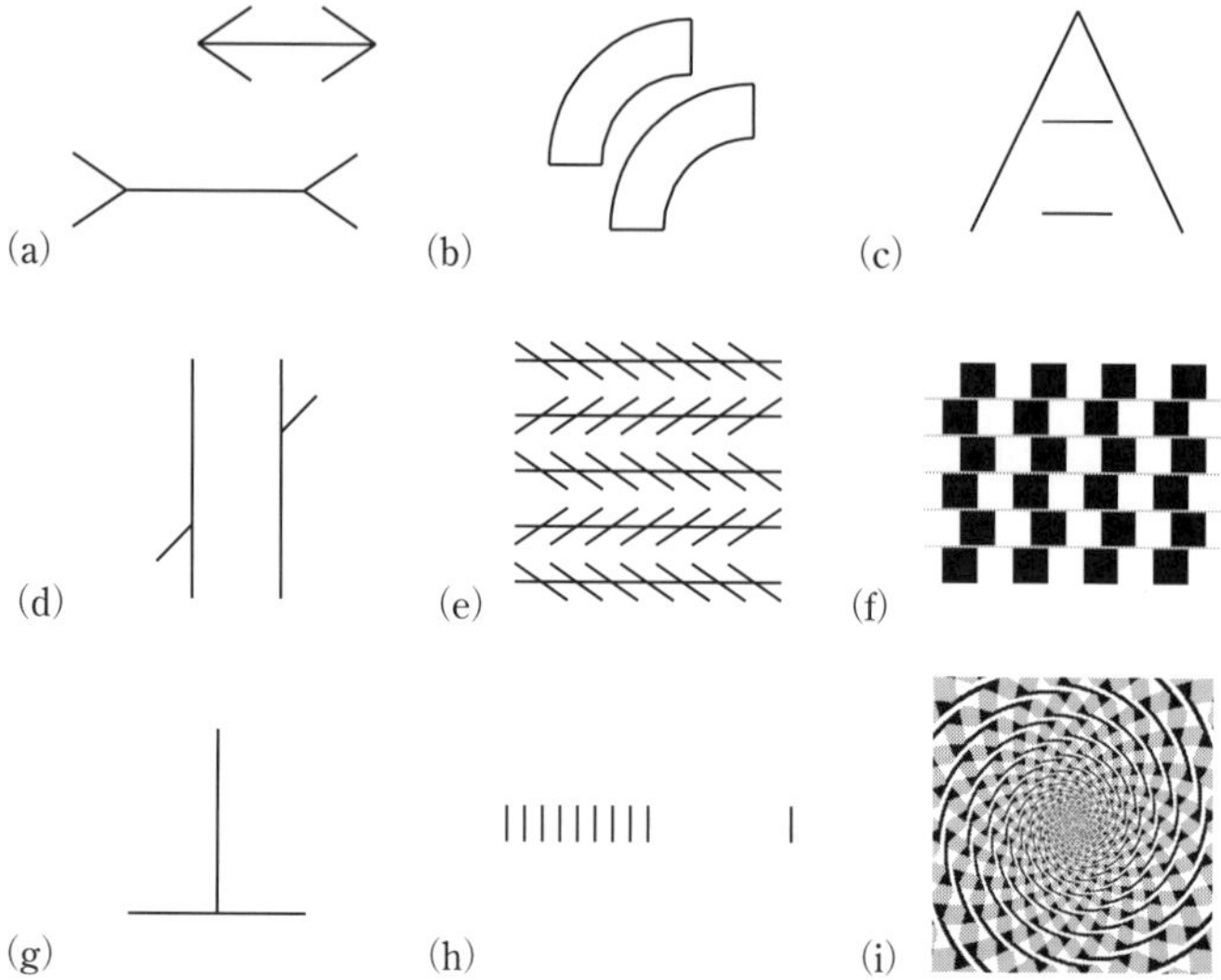

図 6－7　幾何学的錯視の例　(a) ミュラー・リヤー錯視（Müller－Lyer illusion）：同じ長さの線分の両端に矢羽をつけた場合、内向きにつけると線分は短く見え（上図）、外向きにつけると線分は長く見える（下図）。(b) ジャストロー錯視（Jastrow illusion）：同じ大きさの扇子形を図のように並べると、扇の中心の側に置いた図形がより大きく見える。(c) ポンゾ錯視（Ponzo illusion）：同じ長さの二つの平行線分を逆V字形の中に入れると、逆 V 字形の頂点に近い線分が遠い線分より長く見える。(d) ポッゲンドルフ錯視（Poggendorff illusion）：平行線分に遮断された斜めの線分は実際には一直線上にあるのに、右側の斜線がより上にずれているように見える。(e) ツェルナー錯視（Zöllner illusion）：平行な線分に斜線を交差させると、それらの交差角を過大視する方位に線分が傾いて見える。平行線は上から左・右・左・右・左に傾いて見える。(f) カフェウォール錯視（Café Wall illusion）：上下 2 列の正方形の列が水平に時計回りにずれると、その間に引かれた線分が時計回りに傾いて見える。反時計回りのずれなら、線分の傾きは反時計回り。平行線は上から右・左・右・左・右に傾いて見える。(g) フィック錯視（Fick illusion）：長さが同じでも、垂直に置かれた線分は水平に置かれた線分よりも長く見える。垂直・水平錯視ともいう。(h) オッペル・クント錯視（Oppel－Kundt illusion）：右から 2 番目の線分は両端の線分のちょうど中間にあるのだが、右に寄っているように見える。分割距離錯視ともいう。(i) フレーザーの渦巻き錯視（Fraser's spiral illusion）：白黒の紐のようなものは同心円なのであるが、右に回転しながら中心に進む渦巻きに見える

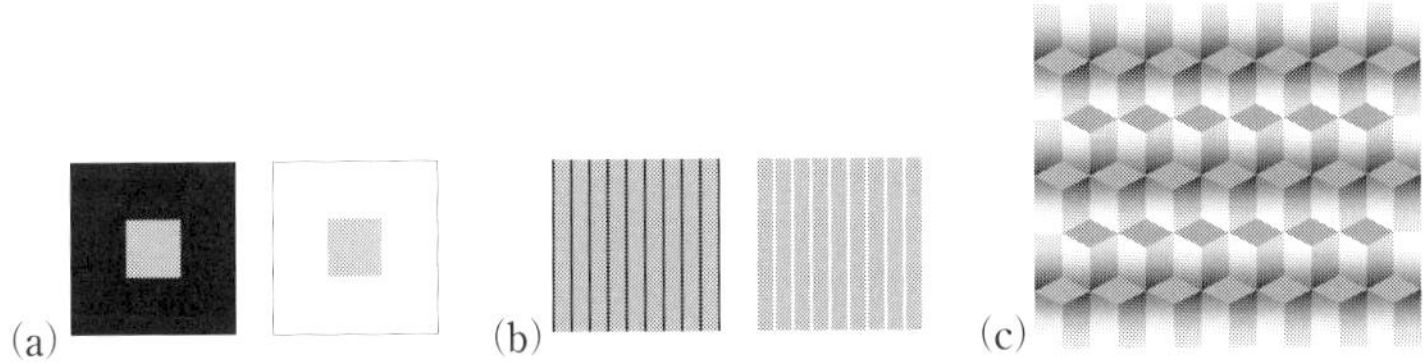

図6－8　明るさの錯視　(a) 明るさの対比 (lightness contrast)：左右の灰色の正方形の明るさは同じであるが、左の正方形の灰色の方が明るく見える。これは、ある領域がそれより暗い領域に囲まれるとより明るく見え、より明るい領域に囲まれるとより暗く見える、と記述される。(b) 明るさの同化 (lightness assimilation)：左右の灰色の背景の明るさは同じであるが、左の背景の灰色のほうが暗く見える。これは、ある領域にそれより暗い細い線をのせるとより暗く見え、より明るい細い線をのせるとより明るく見える、と記述される。(c) ログヴィネンコ錯視 (Logvinenko illusion)：上から1、3、5列目の菱形の列は明るく見え、2、4列目の菱形の列は暗く見えるが、実際には同じ明るさである

ラー・リヤー錯視の内向図形は近くに見えるので縮小して見え、外向図形は遠くに見えるので拡大して見える、と考える。ここには大きさの恒常性の観点が入っている。なお、線遠近法説には数多くの反証がある。

出たばかりの月は大きく見える。しかし、空高く上がった月の実際の大きさと変わりはない。これは月の錯視（moon illusion）とよばれる。この場合、大きく見える月は、何かと比較して大きく見えるというわけではないので、月の錯視は幾何学的錯視ではない。月の錯視の説明としては諸説あるが、ものの網膜像からその大きさを算出する知覚メカニズムがどのようなものであるかを調べるときに、研究の重要な手がかりを与えてくれるだろう。

明るさの錯視としては、古くから明るさの対比と同化が知られていたが、最近ではログヴィネンコ錯視のような際立って錯視量が多い明るさの錯視も知られるようになった（図6–8）。色の錯視も同様で、色の対

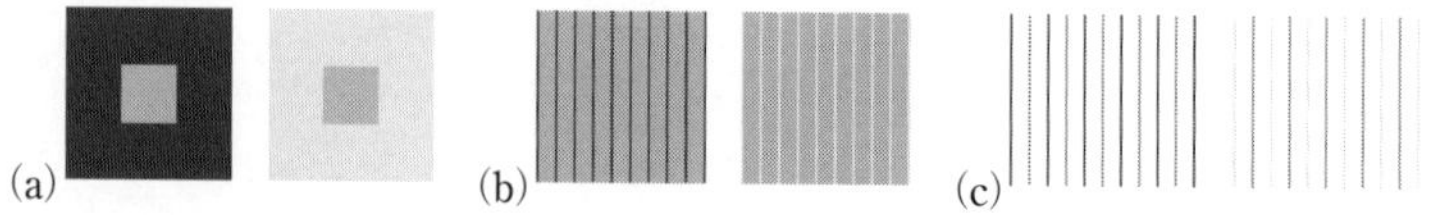

図 6－9　色の錯視　口絵 3 を参照。(a) 色の対比 (color contrast)：左右の正方形は同じ灰色であるが、左の正方形の灰色は黄味かがって見え、右の正方形の灰色は青味かがって見える。(b) 色の同化 (color assimilation)：左右の背景は同じ灰色であるが、左の背景の灰色は青味がかって見え、右の背景の灰色は黄味がかって見える。(c) 遠隔色対比：左の赤線と右の赤線は同じ赤なのであるが、左の赤はオレンジ色に見え、右の赤はマゼンタ色 (明るい赤紫) に見える。この錯視は著者が 2001 年に見つけたが、先行報告があるかどうかは調査中である

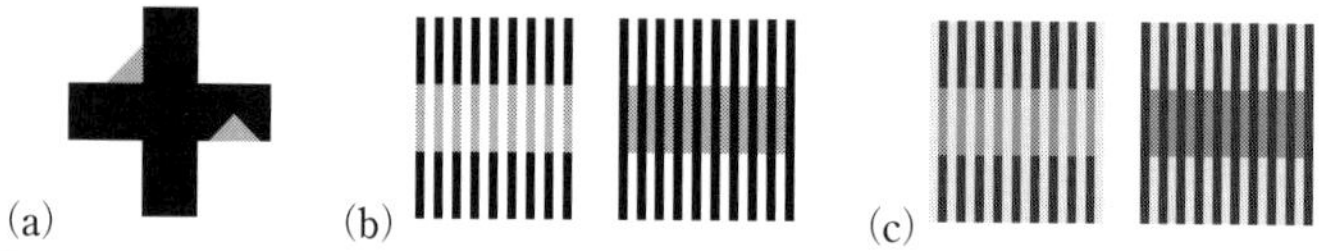

図 6－10　口絵 4 を参照。(a) ベナリー図形 (Benáry figure)：左上の三角形と右下の三角形は大きさも形も明るさも同じで、黒と白に接している長さも同じであるが、左上の三角形が少し暗く見える。それは、左上の三角形は白の背景側に属しているから、白い領域に囲まれていると知覚され、明るさ対比で暗く見える、と考えるゲシュタルト心理学的説明が好まれる。この場合、右下の三角形は、十字に穴の開いたところから黒背景の上に灰色の三角形の一部が見えているものと解釈され、黒に囲まれているから明るく見える (明るさの対比)、と説明される。(b) ホワイト効果 (White's effect)：左の灰色の格子が右の灰色の格子よりも明るく見えるが、物理的には同じ灰色である。ベナリー効果と同様のゲシュタルト心理学的説明も好まれる。(c) 色のホワイト効果：黄色と青色の色縞の青色部分に赤色をのせるとオレンジ色に見え、黄色部分に同じ赤色をのせるとマゼンタ色 (明るい赤紫色) に見える。この錯視は錯視量が際立って多く、とても色の対比の錯視量に還元できそうもない

比と同化が知られていたが、近年さらに錯視量が多い色の錯視も知られるようになった (図 6–9)。

明るさや色の錯視の説明も、近年複雑さを増している。明るさの対比の説明としては、ニューロンの側抑制説という生理学的説明が、昔も今も好まれる。側抑制説 (lateral inhibition theory) とは、簡単にいうと、ある領域が明るい (あるいは暗い) と

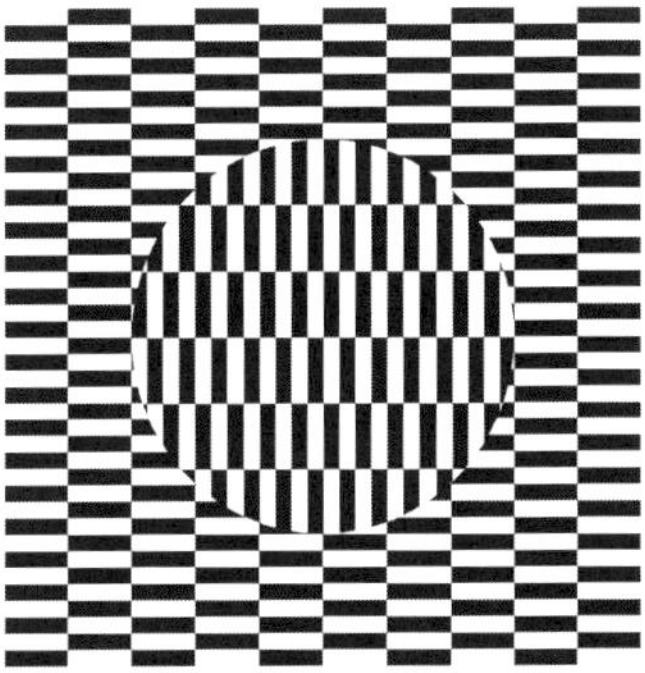

図6-11　オオウチ錯視　円内の市松模様が動いて見える。オオウチハジメ氏の著作権フリーのデザイン集（Ouchi, H. 1977 *Japanese optical and geometrical art.* Mineola NY : Dover）の中に、スピルマンが発見した。オオウチ氏がこの錯視を知って作画したかどうかは不明である。なお、オオウチ氏がどのようなデザイナーなのかも、どういうわけか謎に包まれている

いう情報を運ぶニューロンは、その領域の外側は暗い（あるいは明るい）という情報も同時に運んでしまう、というものである。それをモデル化してシミュレーションすると、明暗の境界では明るい側はより明るく、暗い側はより暗く見えることになる。ところが、この考え方だと、領域が接している部分が多いほど明るさの対比効果が大きいはずであるのに、そうではない図形が知られている。古くはベナリー図形、現在ではホワイト効果が代表例である（図6-10）。

そのほか、静止画なのに動いて見える錯視*も注目を集めつつある。一九八六年のスピルマン（Spillmann, L.）によるオオウチ錯視（Ouchi illusion）（図6-11）の発見以来、いろいろなタイプが提案されてきた（図6-12）。静止画なのに動いて見える錯視の研究は、運動視そのもののメカニズムを知るための手がかりを含んでいる可能性が大きいので、研究の重要度は高いと考えられる。しかし、新型の発見が今も続くなど発展途上であり、モデルを含めた検討が落ち着くまでにはしばらく時間がかかると思われる。

* 著者は「動く錯視」という用語を二〇〇〇年頃から提案してきたがまったく人気がないので、本書で

図6-12　静止画が動いて見える錯視デザイン「漂流」 中の正方形領域が動いて見える。動いて見える方向は決まっていて、この図の網膜像を上下に動かすと中の正方形は左右に動いて見える。左右に動かした場合は上下に動いて見える

はそのままの名称で記述した。なお、英語では'anomalous motion illusion'が妥当のようである。いずれ「静止画運動錯視」あるいは単に「運動錯視」という名前で定着するような予感がしている。

運動視

ある対象が運動して見えるということは、対象の位置の情報に還元できるものではなく、運動視（motion perception）という独立したゲシュタルトがあると考えられている。このことを支持する証拠は、ウェルトハイマーの仮現運動以外にもいろいろある。たとえば、滝のように一定方向に動いて見えるものを見続けた後、静止したものに目を転じると、静止しているはずのものが最初に見ていた動きとは反対方向に動いて見える。これを運動残効（motion aftereffect）という。運動残効は、一定の方向の運動刺激に応答する運動視ニューロンの順応・疲労の結果として説明される。

二〇世紀後半になって、大脳に運動視に特異的に活動する領域（サルではＭＴ野やＭＳＴ野、ヒト

ではMT＋野）があることが神経生理学的に証明されるに及んで、運動視は形態視や色彩視とは別のモジュールであることが確信されるようになった。

立体視

ある物体が立体的に見えるためにはいろいろな手がかりがある。最も強い手がかりは、物体の影

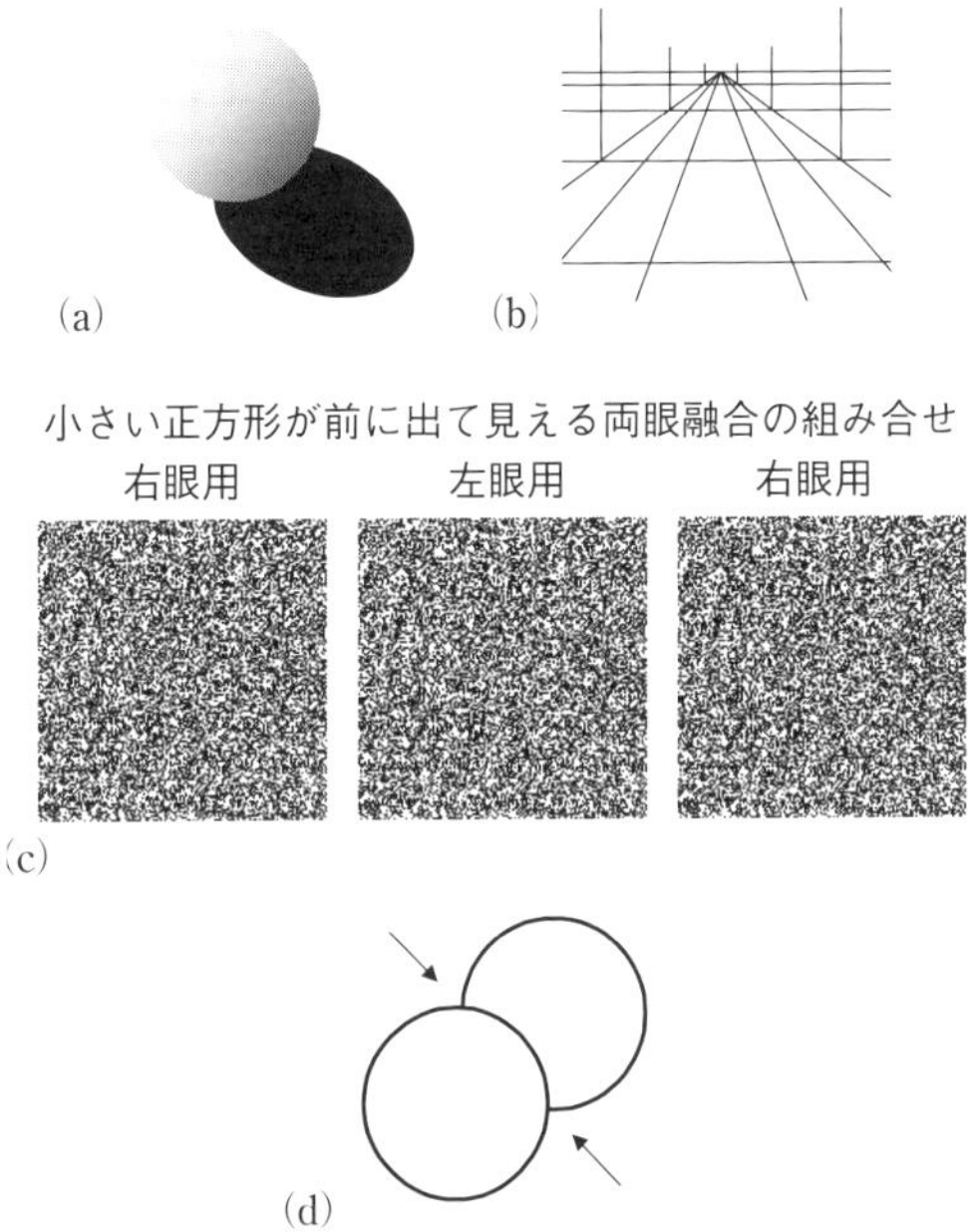

図6-13　立体視の要因　(a) 影（シャドー）と陰（シェード）：黒い楕円が影で、円の中の暗い部分が陰である。(b) 線遠近法の要因：線遠近法では、前額平行面の平行線は平行に、視線に平行な平行線は1点に収斂するように見える。厳密にいうと、前者は正しくない（図15-4参照）。(c) 両眼立体視用のランダムドットステレオグラム：中の図形を左目で、右の図形を右目で見るようにすると（平行法）、中で正方形が手前に浮いて見える。あるいは、左の図形を右目で、中の図形を左目で見るようにすると（交差法）、中で正方形が手前に浮いて見える。(d) T接合部（矢印の先）。二つのT接合部から得られる情報によって、左下の円は右上の円より手前にあると知覚される

（シャドー）と陰（シェード）である（図6‐13(a)）。影（shadow）とは、物体によって光がさえぎられてできた背景や地面の暗い部分である。陰（shade）とは、物体の表面のうち、光が当たらずに暗くなっている部分である。線遠近法的手がかりも重要である。同じ平行線でも、前額平行面における平行線は平行に見えるが、視線と同じ方向の平行線は一点に収斂して見える（図6‐13(b)）。両眼立体視（binocular stereopsis）も近距離の物体の知覚には有効に働く。左右の目は六センチメートルほど離れているので、その網膜像では、物体の近くの部分と遠くの部分の相対的位置関係がずれる。この手がかりからも、物体の立体的特性が抽出され、知覚される（図6‐13(c)）。そのほか、T接合部（T-junction）を手がかりとした図地分離も、立体視の仲間に入れることができる（図6‐13(d)）。

第7章 感覚心理学

この章では、低次の知覚も感覚に含めて、感覚の心理学を概説する。

精神物理学

Psychophysicsの日本語訳で、心理物理学という訳も好まれる。物理的媒体の物理量（あるいは刺激量）とその感覚の心理量（感覚量）の関係を調べる学問である。

物理量と感覚量が一対一対応して、単純に正比例するというなら話は簡単である。現実にはそうではない。まず、物理的媒体のすべてを感覚に変換できるわけではない。たとえば、人間は、電磁波のうち、わずかに三八〇ナノメートル（nm）から七八〇ナノメートルの波長のものだけを可視光線として感じることができる。三八〇ナノメートルより波長の短い電磁波はガンマ線あるいはX線とよばれ、見えない光線である。七八〇ナノメートルより波長の長い電磁波は、赤外線や電波とよばれ、これらも視覚としては感じることができない。聴覚でも、時間周波数が一六ヘルツ（Hz）から二万ヘルツの粗密波を音として感じるが、その範囲外の音波は聞くことができない。このように、感じることのできる物理的媒体を刺激（stimulus）という。

可視光線や可聴音なら必ず感じることができるというものでもない。弱すぎる刺激は感覚を引き起こさない。感覚を引き起こすか引き起こさないかのぎりぎりのレベルあるいは境目の刺激量を、閾あるいは閾値（threshold）という。刺激閾（stimulus threshold; stimulus limen）ともよぶ。[*1] 刺激閾より強い刺激を閾上刺激（supraliminal stimulus）とよび、感覚を与える刺激のことである。一方、刺激閾よりも弱い刺激を閾下刺激（subliminal stimulus）とよび、感覚を生じさせず、生体の行動に影響を与えない。[*2]

＊1　刺激閾を超える二つの刺激を違ったものであると正しくわかることを弁別（discrimination）というが、弁別可能な二つの刺激量の差あるいは刺激位置の距離の最小レベルを、丁度可知差異（just noticeable difference）あるいは弁別閾（discriminative threshold ; differential limen）という。

＊2　日常語の「サブリミナル」は閾下知覚（subliminal perception）という概念からきており、感じない程度の弱い刺激で宣伝文句を消費者に提示した場合、購買行動に促進的影響を与える可能性がある、という用語である。しかし、超感覚的知覚（第4章）を想定するのでなければ、閾下知覚という用語は矛盾している（閾下＝見えない、知覚＝見える）。

刺激が強すぎると感覚量が天井を打ち、痛覚が発生し、感覚器官が破壊される。このように感覚量がプラトーに達する刺激量を刺激頂（terminal stimulus; terminal threshold）という。つまり、生体が普通に感じることのできる刺激は刺激閾よりも強くて、刺激頂よりも弱い刺激である。ただし、感覚器官には順応（adaptation）があって、たとえば視覚では、明順応（light adaptation）によってより強い光を感じることができるようになり（刺激頂が上がる）、暗順応（dark adaptation）によってより弱い光を感じることができるようになる（刺激閾が下がる）。すなわち、刺激を受容できる刺激量の範囲は、ある一定の範囲内で動的に変化しうる。

可視光線ならどの波長でも刺激閾が等しいかというとそうではない。明るいところに目が慣れた状態、すなわち明所視（photopic vision）では、約五五〇ナノメートル（黄緑）の波長の光への閾値が最も低く（感度が最も高く）、そこから遠ざかるに従って閾値が増大する（感度が下がる）。なお、暗いところに目が慣れた状態、すなわち暗所視（scotopic vision）では、約五一〇ナノメートル（青緑）の波長の光への閾値が最も低い。このピークの変化をプルキンエ現象（Purkinje phenomenon）あるいはプルキンエシフト（Purkinje shift）とよび、昼間は赤や黄色が目立つが、夜間は青緑色が明るく見えるという現象の説明に用いられる。[*]

＊ ある特性の刺激に対する閾値が相対的に低い（感度が高い）ことが、その刺激が閾上で与えられたときの感覚量も相対的に多くなることを必ずしも意味するわけではないことに注意が必要である。

閾上刺激の場合、刺激の物理量が同じなら、どの刺激特性でも感覚量は同じになるかというと、そうではない。たとえば、青色は波長の短い光（四六〇ナノメートル付近）に対する感覚であるが、その光のエネルギーはかなり大きくても青はあまり明るく見えない。一方、黄色は比較的長波長の光（五八〇ナノメートル付近）に対する感覚であるが、青色光よりもはるかに少ないエネルギーでより明るく見える。最近普及してきた青色発光ダイオードの青色光は非常に明るくてうっとりさせる美しさを持っているが、至近距離から長時間眺め続けることについては、その光のエネルギーが見た目よりもかなり大きいことに注意が必要である。*

＊ 紫外光だけでなく、青色光も黄斑部（中心窩を含む視力の高い網膜部位）にダメージを与える可能性が指摘されている。

閾上刺激において、刺激の物理量が二倍になると、感覚量が二倍になるかというと、そうならないことが多い。多くの感覚では、刺激の物理量が二倍になっても、感覚量は二倍未満である。そこで、フェヒナー（Fechner, G. T.）は、感覚量は刺激の物理量の対数に比例すると考えた。これをフェヒナーの法則（Fechner's law）という。刺激強度が I、感覚の大きさが E のとき、

$$E = k \log I + C$$

となる。ここで、k と C は定数である。

しかし、痛覚などでは、侵害刺激の物理量が二倍になると感覚量は二倍を超えることがある。そこでスティーヴンス（Stevens, S. S.）は、マグニチュード推定法（第8章）で直接感覚量を測定し、その結果、感覚量は刺激の物理量のべき乗に比例すると考えた。これをスティーヴンスの法則（Stevens' law）、あるいはスティーヴンスのベキ法則（Stevens' power law）という。刺激強度が I、感覚の大きさが E のとき、

$$E = k I^n$$

となる。n は定数で、感覚の種類によって決まる。n が1よりも小さいとき、フェヒナーの法則と類似する。なお、上記のスティーヴンスの方程式の両辺に対数をとると、

$$\log E = n \log I + \log k$$

となる。nと$\log k$は定数なので、スティーヴンスの法則は、感覚量の対数は刺激の物理量の対数に比例する、という法則でもある。

そのほか、弁別閾は刺激の物理量に比例するという法則がある。たとえば、二〇〇グラムのものを持っているときには三グラム追加するだけで重くなったとわかるが、一キログラムのものを持っているときは三〇グラム追加しないと重くなったと気がつかない。この法則をウェーバーの法則（Weber's law）という。刺激強度がI、そこにおける弁別閾がΔIのとき、

$$\frac{\Delta I}{I} = C$$

となる。Cは定数で、ウェーバー比（Weber ratio）とよばれる。ウェーバーの法則は弁別閾に関する法則であるが、Iについて積分することで、感覚量の法則であるフェヒナーの法則を導くことができる。

図7-1　可視光の波長と色の関係　口絵5を参照。波長の短いほうから、紫、青、緑、黄、橙、赤の順に見える

色彩視

色を見る、ということはこころの働きである。感覚心理学的にいえば、ポストは赤いのではなく、ポストは赤く見えるのである。ポストが赤く見えるのは、ポストの表面の塗料が長波長の可視光を多く反射するからであるが、長波長の可視光を受容すると赤という感覚を生じるのはこころの働きである。可視の電磁波は、各波長ごとに色が対応する（図7-1）。ただし、スペクトル中には存

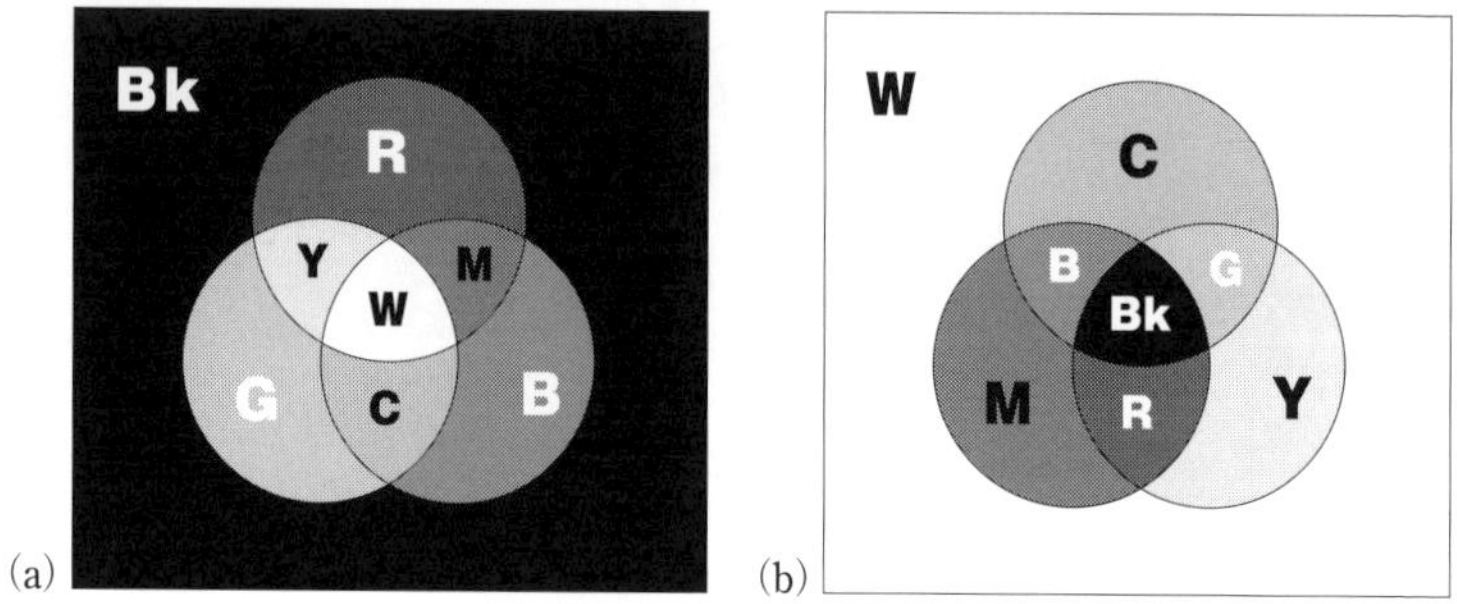

図7-2　加法混色（a）と減法混色（b）　加法混色はテレビ画面やプロジェクタで用いられ、減法混色はカラープリンタや絵の具で用いられる。R：赤、G：緑、B：青、C：シアン、M：マゼンタ、Y：イエロー（黄）、Bk：黒、W：白

在しない色（赤紫など）がある。

人間の目は、三つの色の組み合せ（混色）で、大半の色を再現することができる。* テレビ画像のように、暗いところに色光を当てていく方法の場合、赤、緑、青が三原色となる。赤と緑で黄ができ、赤と青でマゼンタ（明るい赤紫）、緑と青でシアン（明るい青緑あるいは水色）ができる。赤、緑、青のすべてを混色すると白となり、すべての光が当たらなければ黒となる。この方法は混色すると明るくなるので、加法混色という（図7-2(a)）。逆に、カラープリンタのように、明るい紙にインクをのせていく方法の場合、シアン、マゼンタ、イエロー（黄）が三原色となる。シアンとマゼンタで青ができ、シアンとイエローで緑、マゼンタとイエローで赤ができる。シアン、マゼンタ、イエローのすべてを混色すると黒となり、すべてのインクをのせなければ白となる。この方法は、混色すると吸光される割合が増えて暗くなるので、減法混色という（図7-2(b)）。

＊ 混色によって多くの色を再現できるだけでなく、たとえば、単色光の黄色と、赤と緑の光で加法混色されてできた黄色を

区別することはできない。そのように光の成分は異なるが、みかけは同じ色に見える組合せを求める実験を、等色実験（color matching）という。

網膜（retina）の受容器には、色彩視に関係する錐体（cone）と、色彩視に関係しない桿体（杆体）（rod）がある。錐体には三種類あり、光の波長によって応答の仕方が異なる。短波長によく応答する錐体をS錐体とよび、長波長側によく応答する二つの錐体のうち、より波長の短い側によく応答するものをM錐体、より長いほうに応答のピークがあるものをL錐体とよぶ。この知見は、一九世紀以来のヤング・ヘルムホルツの三色説（Young–Helmholtz trichromatic theory）を支持する。なお、加法混色の三原色と対応させて青錐体、緑錐体、赤錐体とよぶとわかりやすいが、そういう呼び方があまり好まれない理由は、L錐体の応答のピーク波長が赤の波長のところではない（実際は黄色のあたりである）からである。

網膜の神経節細胞より上位レベルになると、神経系は黒と白、青と黄、緑と赤という対で処理を行うようになる。この事実は、一九世紀以来のヘリングの反対色説（Hering's opponent–color theory）に有利である。ヘリング説では、赤、緑、青以外に黄もそれ以上還元できない純粋な色であった。この四色それぞれについて、まったく他の色味が混っていないように観察者ごとに調整した色を、ユニーク色（unique color）とよぶ。ユニーク色の赤と緑を加法混色すると無彩色となる。テレビの加法混色で赤と緑を混ぜて黄色が作り出せるのは、その赤と緑に黄色の成分が含まれているからである。

なお、以上のような、網膜の錐体レベルでは三色で、網膜の神経節細胞より上位では反対色という考え方を、色覚の段階説（stage theory of color vision）という。説というより、神経生理学的に実証された事実である。

ところで、少なくとも視覚一次野（V1）のレベルでは反対色の形式で色情報が処理されているが、さらに上位の脳領域では、一一種類の色を基本分類としている可能性がある。この基本色は、カテゴリー色（categorical color）とよばれる。カテゴリー色は、白（white）、黒（black）、赤（red）、緑（green）、黄（yellow）、青（blue）、茶（brown）、橙（orange）、紫（purple）、桃（pink）、灰（gray）である。これらの色の分類は、発達した言語においては人類共通であることが明らかにされている。さらに、チンパンジーも同様のカテゴリーで色分類をするという研究結果があり、これらを考慮すると、カテゴリー色は（少なくともヒトとチンパンジーには）生得的に備わったゲシュタルトであると考えられる。

聴覚

聴覚は音（sound）の感覚である。音すなわち物質（空気）の粗密波は、聴覚受容器を介して感覚となる。音の周波数が一六ヘルツ（一秒間に一六回振動）から二万ヘルツの間が可聴域である。周波数が低いと低音として聞こえ、周波数が高いと高音に聞こえる（音の高さ：pitch）。音の波の振幅が大きければ大きい音、小さければ小さい音して聞こえる（音の大きさ：loudness）。もう一つ、音の属性として、音色（timbre）がある。

ある音が複数の周波数から成る場合、一〇〇〇ヘルツ、二〇〇〇ヘルツ、三〇〇〇ヘルツ……というように規則的な複合音であれば楽音（musical tone）とよばれる。打楽器を除く楽器の音の多くは楽音である。それに対し、規則性がなく、いろいろな周波数成分を含んでいる音を雑音あるいはノイズ（noise）という。特に、すべての周波数成分を均等に含む雑音をホワイトノイズという。ただし、ホワイトノイズではオクターブ単位ごとに三デシベル（dB）*の割合で高音域が上昇するので、聴感上は高音域が強く聞こえる。これをローパスフィルターを通すことで、聴感上平坦にしたものを、ピンクノイズという。

＊ dBは音の大きさの単位で、音圧の対数の関数で定義する。たとえば、A音がB音より二〇デシベル大きいということは、A音はB音の一〇倍の音圧であり、四〇デシベルなら一〇〇倍、六〇デシベルなら一〇〇〇倍である。単に八〇デシベルの騒音といった表現をする場合は、基準音圧（ほぼ聴覚閾：$P_0 = 2 \times 10^{-5}$ Pa）より一万倍の音圧であることを意味する。また、四〇デシベルの聴力損失という表現の場合は、健常者の音の閾値の一〇〇倍の音圧でなければ音を感じないという意味である。$dB = 20 \log_{10}(P/P_0)$ で示される。人間は、ゼロデシベルから一二〇デシベルの大きさの音を聞くことができる。

人間が喋ることばの音は、声音（vocal sound）あるいは音声（voice）という。音声のうち子音（consonant）はノイズに近いが、母音（vowel）は楽音に近い。それぞれの母音は、特有の周波数構造（フォルマント構造）を持っていて、聴覚系はこの構造をフーリエ解析（Fourier analysis：複合した周波数の解析）によって抽出することで、何が発話されたかを直ちに知覚する。

音がどこから聞こえてくるかを知覚することを音源定位（sound localization）という。これには両耳が必要で、たとえば同じ音が右耳に強く聞こえれば、右寄りに定位される。あるいは、右耳に早くその音が到達すれば、右寄りに定位される。しかし、これだけでは左右がわかるだけで、前後上下の定位はできない。音源定位においては、頭や耳介の形が重要であると考えられている。

なお、音源定位は視覚の影響を受けやすい。たとえば、テレビ画面とその音声を出すスピーカーの位置を離していても、テレビの人物から音声が聞こえるように感じる。これを腹話術効果（ventriloquism effect）、あるいは視覚優位（visual dominance）、視覚的捕捉（visual capture）という。そのほか、視覚が聴覚に及ぼす影響としては、マガーク効果（McGurk effect）が有名である。マガーク効果とは、「ば」という音声を聞いたとき、その発話者とみなされる人が「が」の口の形をしていると、「だ」と聞こえてしまう錯覚である。

その他の感覚

皮膚に対して圧力がかかった状態の感覚が圧覚（pressure sensation）で、皮膚にかかった圧力の変化の感覚が触覚（tactual sensation）である。言い替えると、圧覚は静的・持続的で、触覚は動的・瞬間的という区別がある。二点弁別閾*を調べると、触覚・圧覚が鋭敏な部分は手の指、唇、舌である。これに対応して、大脳の体性感覚野においては、手の指、唇、舌の感覚をつかさどる領域が広い。触覚・圧覚に振動感覚も合わせて機械受容感覚（mechanoreception）という。ひとまとめにして触覚とよぶこともある。機械受容感覚は深部感覚（関節や筋の位置や状態を知る感覚）とともに、身体像（body image）の形成に重要な役割を果たす。

＊ 触覚・圧覚の二点弁別閾（two-point discriminative threshold）とは、細い棒の先端で皮膚の二つの場所を同時にさわったとき、二つの場所を触られたと正しく判断できる最小の皮膚上の距離のことである。

温度感覚（temperature sensation）としては、温かいと感じる温覚と、冷たいと感じる冷覚が知られている。生理学的には、温覚を感じる皮膚上の点（温点）と冷覚を感じる点（冷点）が独立して存在する。一般的には、温受容器は皮膚温よりも高い温度に反応し、冷受容器は皮膚温よりも低い温度に反応する。温度感覚が完全に順応する（温冷ともに感じない）温度の範囲を中間帯あるいは無関帯（neutral zone）という。それは三〇〜三六度である。もっとも、その温度でも、温・冷受容器の活動がすべて停止しているわけではない。そのほか、温度感覚受容器は温度の変化にも応答する。

侵害刺激によって引き起こされる感覚を痛覚（pain）という。痛覚は、早い痛みと遅い痛みに分けられる。早い痛み（fast pain）とは、侵害刺激を受けてから急速に生じる鋭い痛みで、持続時間は短い。遅い痛み（slow pain）は、発現の遅い鈍痛で、侵害刺激の部位に局在せず、その周辺に広がって感じられる。他の感覚とは違って、痛覚には刺激への慣れによる感覚低下すなわち順応（adaptation）が少ないか、あるいは遅い。それどころか、侵害刺激を受け続けると、痛覚の閾値が低下することとすらある。

かゆみという感覚がある。皮膚に炎症を起こすと、痛みとともにかゆみ（itch）が発生する。このように、かゆみは心理学的には実在性があるが、生理学的には「かゆみ神経」は痛覚神経と区別できない。そのため、かゆみは痛覚や温度感覚などを脳あるいは脊髄で統合処理された感覚であると考えられる。

水溶性の物質の感覚を味覚（taste）という。甘（あまい）、鹹《かん》（塩からい）、酸（すっぱい）、苦（にがい）を四基本味という。最近の生理学では、うま味（アミノ酸の味）を入れて、五基本味という。かなり昔の生理学の教科書には、舌の先では甘みを感じ、舌の根元の端では苦味を感じるなどとされていたが、基本味の一つ一つに特殊に応答する味細胞はないということがわかり、これら基本味も味神経の情報を脳で統合して産出した感覚であると考えられる。そうなると、辛（とうがらしのからさ）、脂（あぶらっこさ）など、以前に基本味に入れられることもあった味の再評価も必要かもしれない。

気体の物質の感覚を嗅覚（olfaction）という。約四〇万種類の物質が有香であるという。においには、基本的には快・不快の次元がある。ヘニング（Henning, H.）の分類では、薬味、花、果実、樹脂、焦げ、腐敗の六種類が基本臭である。ほかにもいろいろな分類法がある。嗅覚の特徴は順応が早いことである。

バスが発車・停車するときや、ぶらんこをこいだときの押しつけられるような感覚を、平衡感覚（equilibrium sense）という。正確にいうと、加速度の感覚である。平衡感覚は姿勢反射などの刺激として用いられるだけで、意識（知覚）されないとされることが多い。[*] 自分がどのくらい傾いているかなどは、視覚や深部感覚を用いて知覚するという。平衡感覚は、その受容器の名前をとって、前庭機能（vestibular function）とよばれることもある。

＊ 著者の反対意見としては、たとえば、静止画が動いて見える錯視を眺めているとふらつき感を覚えるが（図7-3）、これは視覚誘導性の平衡感覚と考えることが適切であるように思われる。

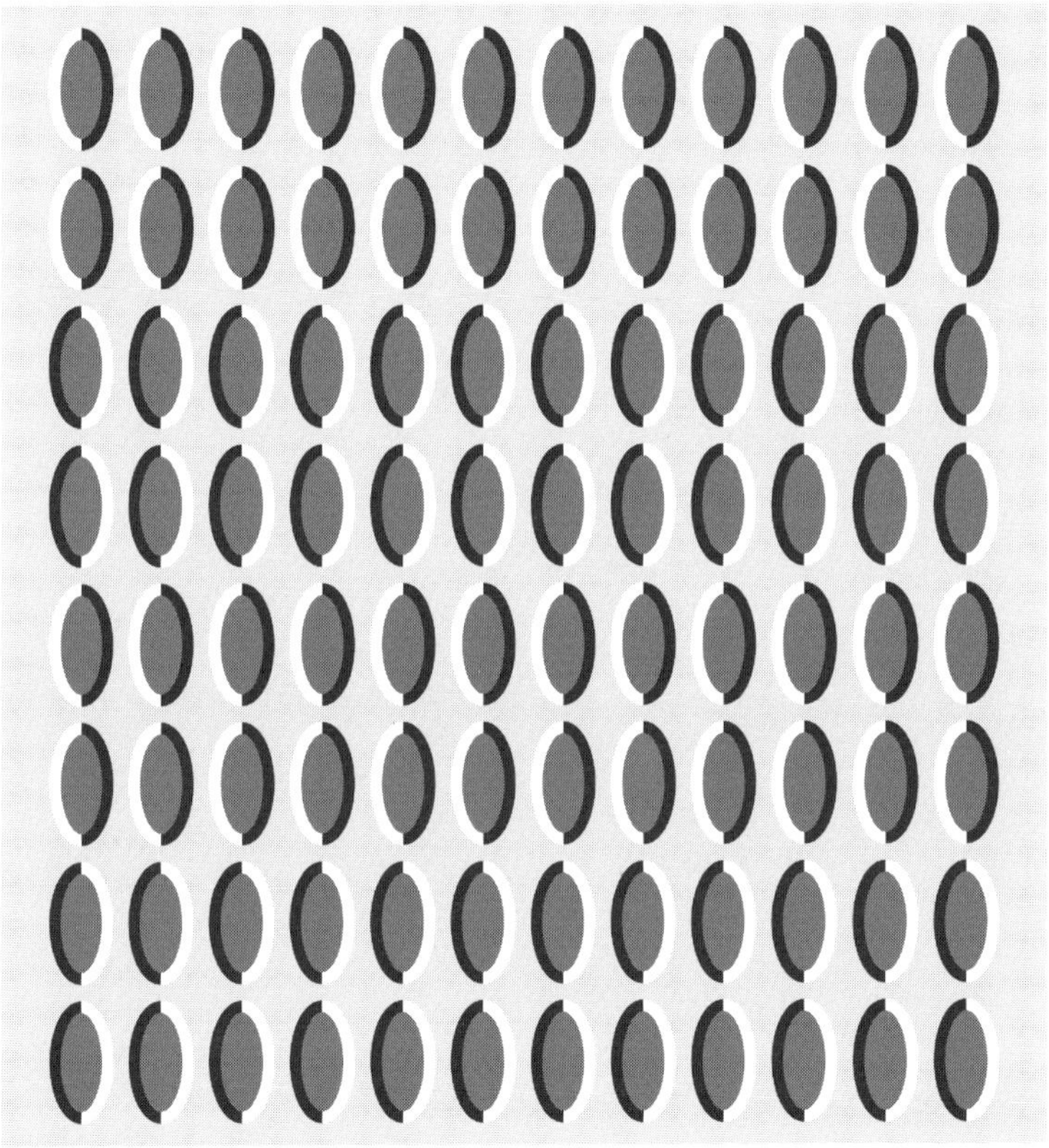

図 7-3　ふらつき感を覚える図形　上から1、2、5、6列目は左に動いて見え、残りの列は右に動いて見える。最適化型フレーザー・ウィルコックス錯視という錯視である

第8章 心理統計学

この章では、心理実験のデータの取り方と、その処理の仕方を概説する。

心理データを得る

心理実験を始めるには、被験者・被験体*を設定して、目的とする心理学的対象を測定する。測定には定性的に（質的に）記述することも含まれるが、可能な限りデータを定量化する（数字で表す）ことが望ましい。数量データは、カテゴリーの度数や順位として表されるものと、何らかの連続量のデータとして表されるものとに区別できる。後者は、定量化するときの単位の違いで、物理量で表す場合と心理量で表す場合が区別できる。

＊ 被験者は英語ではsubjectという。動物実験で動物(animal)を用いるときは、日本語では被験体という。この場合でも英語ではsubjectである。なお、人間が被験者の場合、participantということばも好まれる。

物理量で表す例としては、反応時間（reaction time）の測定や、刺激の閾値（threshold）や主観的等価点（ＰＳＥ：point of subjective equality）の測定がある。反応時間を測定することの意味は、刺激を提示してから反応が起こるまでの時間を測定することで、介在する心理的プロセスの負荷量を推定することができるという点である。閾値とＰＳＥの測定の重要性は、人間が感受できる刺激の範囲を正しく知ることと、ある対象の知覚像とその対象の実際の物理量とのズレの程度を正しく知ることである。ＰＳＥの測定法として調整法やキャンセル法があり、閾値とＰＳＥの両方に使える測定法としては極限法、恒常法、トラッキング法などがある。[*]

＊　調整法（method of adjustment）とは、測定したいテスト刺激（test stimulus：検査刺激・標準刺激ともいう）とは別に比較刺激（comparison stimulus：変化刺激ともいう）を用意し、被験者に比較刺激を操作させて、テスト刺激と見え方を一致させることで、テスト刺激のＰＳＥを求める方法である。

　キャンセル法（method of cancellation）は調整法に似ているが、テスト刺激自体を操作して、二つのテスト刺激の見え方を等しくしたり、あるテスト刺激の知覚的特徴を失わせたりすることでＰＳＥを求める方法である。被験者が調整することが多い。

極限法（method of limits）は、実験者（最近ではパソコン）が比較刺激のある特性を段階的に上昇・下降させ、たとえば比較刺激がテスト刺激よりも「より短い、より短い、より短い、より短い、より長い」と判断が変化した点を閾やＰＳＥとして求める方法である。測定は、上昇系列と下降系列から構成される。

　恒常法（method of constant stimuli）では、被験者に提示する比較刺激を最初から複数個決めておき、それらをランダムにすべて提示して、テスト刺激との比較を行わせる。その結果を、横軸を比較刺激の物理量、縦軸を反応確率とした心理計量関数（精神測定関数：psychometric function）とよばれるＳ字型の曲線で近似して、反応確率五〇％に対応する物理量を求め、閾やＰＳＥとする。

　トラッキング法（tracking method）は、極限法の変形で、たとえば「より短い、より短い、より長い」ときたら、次は「より短い」となる比較刺激に戻し、その次は「より長い」となる比較刺激を提示するというように、閾やPSE付近で比較刺激を上下させて、閾やPSEを求める方法である。上下法（up and down method）あるいは階段法（staircase method）ともよばれる。

以上の例では、単位は秒やミリメートルといった物理量となる。しかし、それらは決して物理量そのものではなく、測定対象の心理量を物理学的単位で表したものである。これに対して、心理量を直接うる方法として、マグニチュード推定法、評定尺度法、カテゴリー尺度法などがある。

マグニチュード推定法（method of magnitude estimation）とは、たとえば、被験者には基準となる音刺激の大きさを一〇〇とみなしてもらい、テストする音の大きさを一五〇とか八五といった数量で見積もって報告させる方法である。被験者がテスト音を二〇〇と見積もった場合は、被験者にはその音は基準音の二倍の大きさに聞こえたというわけである。このようにして得られたデータ（マグニチュード推定値）の対数がその刺激の物理量の対数と比例することが知られている。これをスティーヴンスの法則（第7章）という。

評定尺度法（rating method）とは、対象の心理量をカテゴリーで報告してもらう方法である。SD法（セマンティック・ディファレンシャル法あるいは意味微分法：semantic differential method）とよばれることもある。* たとえば、花の美しさの研究をしたいとすると、「たいへん美しい、美しい、少し美しい、どちらでもない、少し醜い、醜い、たいへん醜い」といったカテゴリーのどれかを被験者に選んでもらうやり方である。それらのカテゴリーに、それぞれ「+3、+2、+2、0、−1、−2、−3」といった数字を与えて（得点化して）間隔尺度に変換し、各種のパラメトリックな統計検定や因子分析などの多変量解析に持ち込むことが多い。

＊　正確にはオズグッド（Osgood, C. E.）が創始した意味空間を研究するための評定尺度法がSD法なのであるが、しばしば評定尺度法と同義に用いられる。

カテゴリー尺度法（method of category scale）は種類が多いので、ここでは一対比較法を説明する。一対比較法（method of paired comparison）とは、測定対象を二つずつ選び出し、総当りでたとえば「どちらが好き」か比較判断させることにより、対象の順位を決定する方法である。測定対象が一〇種類なら、$_{10}C_2 = 45$ 対の比較を行う。これらのデータから心理学的な間隔尺度を構成する。その具体的な数量化の方法としては、サーストン法（Thurstone scaling）などがある。得られる値は間隔尺度上にのるので、対象の順位はもちろん、対象間の距離も数値化できる利点がある。

心理データを図にする

ものの世界なら、物体Aの重さを測定したら七五グラム、物体Bの重さを測定したら六五グラムだったとすると、「AはBより重かった」と結論できる。その重さを測定した回数がたとえ一回だったとしても、その結論が間違っている可能性は少ない。しかし、同じような測定をしても、心理学ではそういうわけにはいかない。

ある大学の教育心理学の研究室で、小学校算数用の「画期的」な教授法が新しく開発されたとする。この方法を使うと今までよりも算数の学習が速くなる、と開発者は確信したとする。しかし、それをみんなに使ってもらうためには、その効果をデータで実証する必要がある。そのためには、たとえば、研究用に小学校のクラスを二つ用意し、片方のクラスには新型の教授法を、もう片方のクラスには旧来の教授法で授業するとよい。旧来の教授法で授業したクラスを統制群あるいはコントロール群（control group）とよび、このクラスの生徒の成績をベースラインとする。つまり、この基準よりも新しい教授法のクラスの生徒あるいは実験群（experimental group）の成績がよければ、新しい教授法の有効性が証明されたことになる。

授業終了後、算数の試験をして採点をしたところ、新しい教授法のクラスの平均得点は75点、旧来の教授法のクラスの平均得点は65点であった。心理学で通常扱うデータは、実験群あるいは統制群の算術平均あるいは単に平均（averageあるいはmean）である。* その結果、新しい教授法のクラスの成績が、平均値で10点高いことがわかった。新しい教授法は旧来の教授法よりも学習効果が大きいといえるか。すなわち新しい教授法は有効であったといえるか。

＊　一人一人のデータは、仮想の母集団より無作為に抽出したものとして、ならしてしまう。しかし、事例研究や個人差の研究の場合には、一人一人のデータにも注目する。

必ずしもそうはいえない。差が少しあるといっても、偶然の可能性もある、と疑いたくなる。なぜ疑うのであろうか。その理由は、データがばらつくことにある。

物質の世界なら、測定を繰り返してもデータの数値の変動は少ない。ところが、心理現象は、普通の状態でもデータのばらつきが大きいのである。上記の例では、個人差が大きいということである。新しい教授法のクラスの平均得点は75点といっても、50点をとった者もいるかもしれない。旧来の教授法のクラスも同様で、平均得点は65点でも、１００点をとった者がいるかもしれない。そうなると、新しい教授法は有効であったかどうか怪しく感じられる。

ところが、新しい教授法のクラスの生徒全員が70点から80点の間の得点をとり（それで平均は75点）、旧来の教授法のクラスの生徒全員が60点から70点の間の得点であった（それで平均は65点）とする。そうすると、この場合は、新しい教授法は有効であったと結論するのが妥当にみえる。

つまり、実験群と統制群の平均値を比較しただけでは、群間に差があったかどうかを判定できないのである。そのため、実験群と統制群のそれぞれのデータのばらつきも重要な情報ということになる。心理学では、データのばらつきは標準偏差（ＳＤ：standard deviation）で表すことが多い。* 標準偏差が大きいということは、データのばらつきが大きいということであり、得られた群間の平均の差が偶然のものである可能性が大きいということになる。

データがn個あり、X_1、X_2……、X_nだったとする。この場合、平均$\overline{X}$は、

$$\overline{X}=\frac{X_1+X_2+\cdots+X_n}{n}$$

であり、標準偏差sは、

$$s=\sqrt{\frac{(X_1-\overline{X})^2+(X_2-\overline{X})^2+\cdots+(X_n-\overline{X})^2}{n-1}}$$

である。これらは関数電卓には標準装備されているし、表計算ソフトのエクセルでは、それぞれ、AVERAGEとSTDEVという関数名で用意されているので、手計算の必要はない。

＊　平均や標準偏差を算出できるのは、間隔尺度か比例尺度の場合である。名義尺度と順序尺度では算出

できない。これらの尺度の説明をしよう。たとえば、心理学概論の試験をして、受験者に合格・不合格という判定を出す場合、合格・不合格は名義尺度である。受験者の総得点順に、一番、二番、三番……と順位をつけると、順位尺度である。試験の得点そのものは、間隔尺度である。ゼロ点のある間隔尺度が比例尺度なので、試験の得点は比例尺度でもある。

たとえば、新しい教授法のクラスの生徒は一〇人だったとして、個人の得点を列挙すると、73点、70点、83点、74点、77点、95点、63点、75点、71点、69点だったとする。すると平均は、

$$\bar{X} = \frac{73+70+83+74+77+95+63+75+71+69}{10} = 75.00$$

で75点となり、標準偏差は、

$$s = \sqrt{\frac{(73-75)^2+(70-75)^2+\cdots+(69-75)^2}{10-1}} \fallingdotseq 8.78$$

である。これを棒グラフでは、図8−1のように示す。

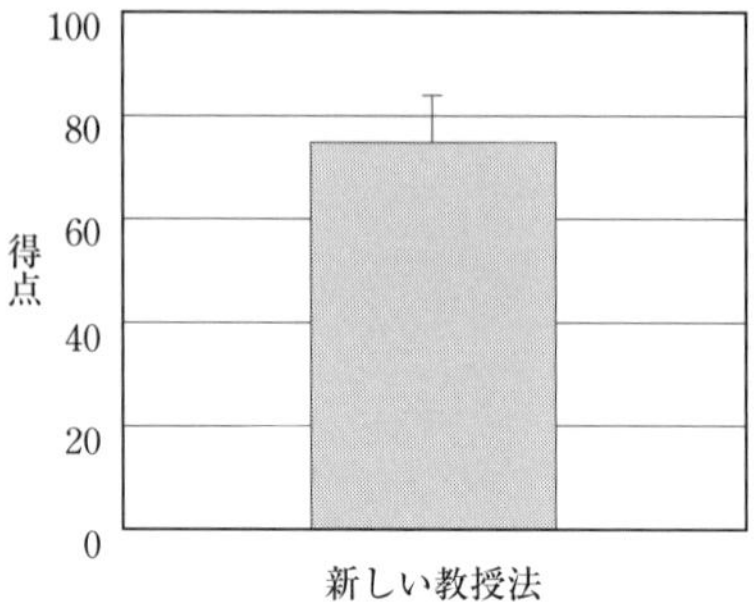

図8-1　平均と標準偏差の棒グラフの例

太い棒の頂点が平均（75.00）を表し、その上にのった細い線分が標準偏差（8.78）を表す。標準偏差の線分は上向きだけでなく、下向きにも対称につける場合がある。どちらにするかは、好みの問題である

心理データの多くは、正規分布で近似できる。というよりも、分布のひずみが大きくない限り、心理データは正規分布をすると仮定して分析を進めることが多い。正規分布はnormal distributionの日本語訳で、「普通の分布」という意味にもとれる。図8−

2に正規分布の形および平均・標準偏差との関係を示した。なお、正規分布の式は以下の通りである。Yは生起確率（確率密度関数）、Xは変数、σは母集団分布の標準偏差、μは母集団分布の平均である。

$$Y=\frac{1}{\sigma\sqrt{2\pi}}e^{-\frac{(X-\mu)^2}{2\sigma^2}}$$

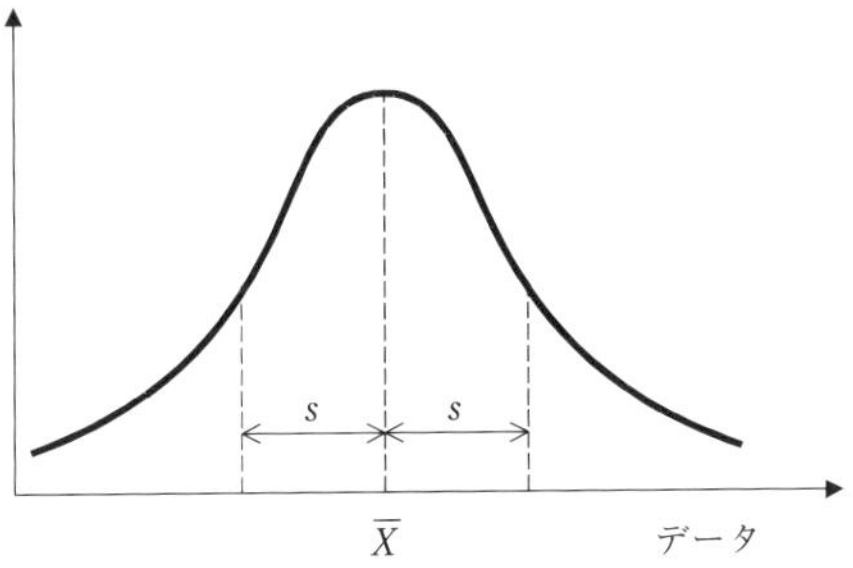

図8－2　心理データの多くは、平均値の近くに多くのデータが集まり、平均値から遠ざかるとともに、生起確率が減少する。平均$\overline{X}$±標準偏差sの間には、全体の約68%（約2/3）のデータが集中するから、あるデータがこの分布に属さないかもしれないデータ、すなわちはずれ値である可能性を知るためには、平均と標準偏差を示しておくと、情報量が多い。なお、$\overline{X}\pm 2s$の区間では、約95%のデータが集中する。学業成績に偏差値ということばがあるが、偏差値50は平均値$\overline{X}$ということであり、偏差値70は$\overline{X}+2s$に位置にいるということである。偏差値80は$\overline{X}+3s$の位置であり、これより大きい数値のデータの生起確率はわずかに0.13%である。計算上は、1万人の中で、上から13番目の位置ということになる。心理学では有意水準（5%か1%）というものをよく使うが、これは両極端の5%あるいは1%の割合を占めるデータは、この分布からはずれたものである、あるいは質的に違うものである、という考え方をとるものである。有意水準5%で考えると、上位の端2.5%と下位の端2.5%がこの分布からはずれた値となり、たとえば上位2.5%は$\overline{X}+1.96s$以上のデータである。学力偏差値でいうと69.6以上のことで、要するに彼らを「秀才」扱いできる。なお、厳しく有意水準1%を採用すると、上位0.5%は$\overline{X}+2.58s$以上、偏差値では75.8以上が「秀才」となる

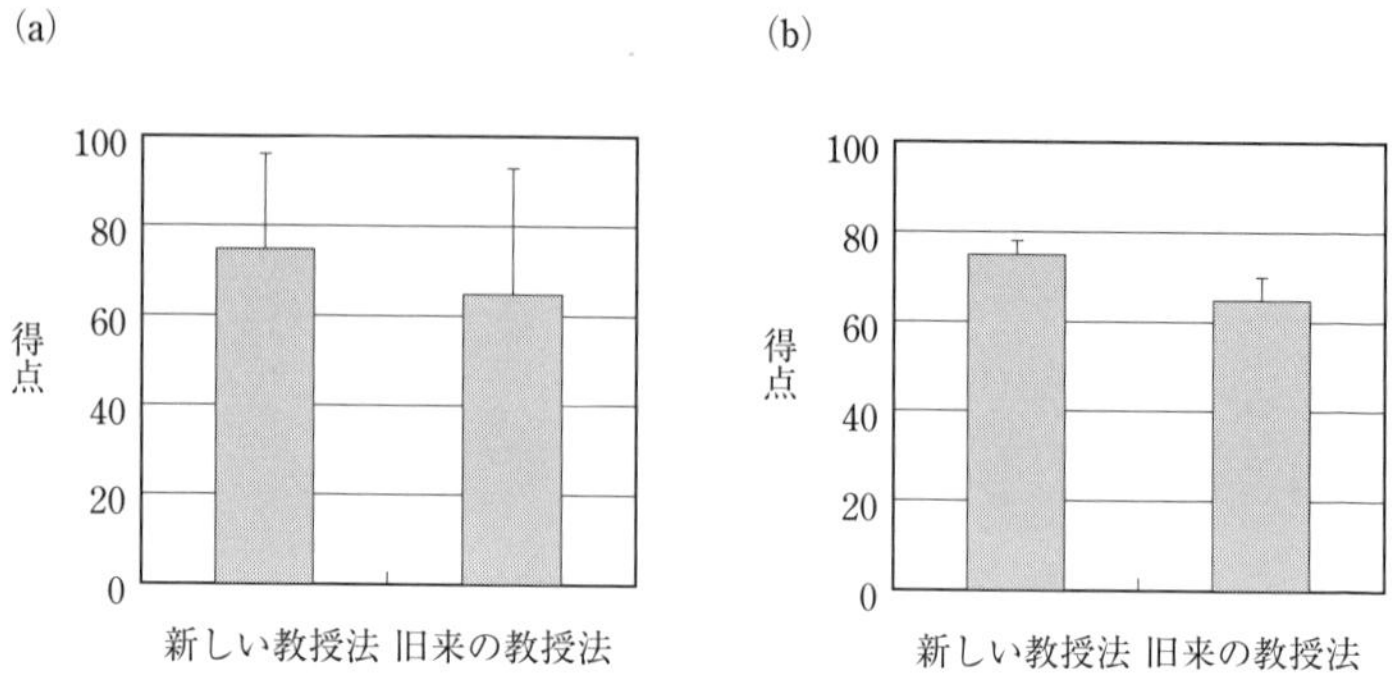

図8−3　平均値が同じでも、標準偏差の大小によって、その差に意味があるのかないのかの印象が違ってしまう例。(a) 平均値の差よりも標準偏差が大きく、本当は差がないように見える。統計検定（t 検定）でも差がない（本文参照）。(b) 平均値の差よりも標準偏差が小さく、実際に差があるように見える。統計学的検定で有意差がある（本文参照）

心理データを比較する（t 検定）

データのばらつきが大きい場合、すなわち図8−3(a)のように、平均の差と比較して標準偏差が大きい場合、新しい教授法の有効性に疑問が出る。しかし、データのばらつきが小さいとき、すなわち図8−3(b)のように、平均の差と比較して標準偏差が小さいとき、新しい教授法は旧来の教授法よりも学習成績を上げたと結論したい。見た目はそうなのだし、聞き手は同意するだろう。しかし、そう主張するからには、やはり合理的根拠が欲しい。その根拠を与えるものが、統計的仮説検定（testing statistical hypothesis）、あるいは単に統計検定である。

　統計検定のやり方は、以下の通りである。図8−3の例では、新しい教授法と旧来の教授法の二群の平均値が与えられている。もし、これらの教授法には差がないものと仮定すると（帰無仮説という）、両者ともある一定の想像上の母集団からランダムにn個ずつ標本を抽出してきて、その標本の平均を計算したものと考えられる。平均が μ、標準偏差が σ の母集団から抽出された標本の平均値自体は、標本抽出の回数が無限回なら、平均が μ、標準偏差が $\sigma/\sqrt{n}$ の正規分布となることがわかっている。[*] 要するに、その範囲内で標本の平均値は変動するのである。もし二つの教授法の平均の差が、想定される標本の平均値の変動よりも大きければ、帰無仮説を棄却し、対立仮説（二つの教授法のそれぞれの平均得点は同じ母集団から抽出したものではない、すなわち差がある）を採択する。

＊　このような標本分布の標準偏差のことを標準誤差（SE : standard error）という。

新しい教授法の得点の平均を $\overline{X}_{\mathrm{new}}$, 旧来の教授法の得点の平均を $\overline{X}_{\mathrm{old}}$ とすると、帰無仮説によれば、$\overline{X}_{\mathrm{new}}-\overline{X}_{\mathrm{old}}$ の期待値はゼロとなる。ここで以下の統計量を t とよび、その分布を t 分布という。

$$t=\frac{\overline{X}_{\mathrm{new}}-\overline{X}_{\mathrm{old}}}{\sqrt{\dfrac{s_{\mathrm{new}}^{2}+s_{\mathrm{old}}^{2}}{n}}}$$

ここで、s_{new} は新しい教授法の得点の標準偏差であり、s_{old} は旧来の教授法の得点の標準偏差である。n は標本の大きさ（この場合は各クラスの人数で、等しくなければならない）である。t 分布は標本の大きさ n に依存して形が若干変化する。この場合は、自由度 $2(n-1)$ の t 分布となる。自由度（degree of freedom）の説明については専門書に譲る。t 分布は、横軸を t として、平均が $t=0$ の正規分布のようなものと覚えておけばよい。[*] 二つの教授法の平均値の差が少なければ t の絶対値は小さく、そのようなことが起こる確率は高く、平均値の差が大きければ t は大きく、そのようなことが起こる確率は低くなる。

＊ 自由度が無限大のt分布が正規分布である。正規分布はz分布ともよばれる。

たとえば、図8-3(a)のように、新しい教授法の平均が75点、標準偏差が21点、旧来の教授法の平均が65点、標準偏差が28点のとき、各クラスの人数は一〇人ずつであったとすると、

$$t=\frac{75-65}{\sqrt{\frac{21^2+28^2}{10}}}\fallingdotseq 0.904$$

となる。一方、図8-3(b)のように、新しい教授法の平均が75点、標準偏差が3点、旧来の教授法の平均が65点、標準偏差が5点のとき、$t \fallingdotseq 5.423$となる。

各クラスが一〇人ずつのとき、自由度は$2(10-1)=18$である。このとき、tの絶対値が2.101を超えていれば、両極端の五％のはずれ値のどこかに位置し、tの絶対値が2.878を超えていれば、両極端の一％のはずれ値のどこかに位置する（表8-1）。はずれ値はその分布を構成する集団の仲間ではない、と判断する（図8-2の説明も参照されたい）。つまり、帰無仮説（$\overline{X}_1-\overline{X}_2=0$）を棄却し、対立仮説（$\overline{X}_1-\overline{X}_2\neq 0$）を採択する。そうすると自動的に、$\overline{X}_1>\overline{X}_2$すなわち新しい教授法は有効である、と結論できる。図8-3(a)のデータの場合、これらの数値以下であるから、帰無仮説を採択する。この場合は、「統計学的な有意差はなかった」と記述する。一方、図8-3(b)のデータの場合、これらの数値以上であるから、対立仮説を採択する。この場合は、「統計学的な有意差があった」と記述する。特に、この場合は五％だけでなく、一％のはずれ値のどこかにtが位置するので、「新しい教授法と旧来の教授法の得点の間には、一％有意水準＊で差があった」あるいは「新しい教授法と旧来の教授法

の得点の間には、有意差が認められた（$t_{18}=5.423, p<.01$）」などと記述する。

＊　有意水準とは、差があったと結論したときに、その結論が間違っている確率αである。危険率あるいは第一種の誤り（type I error）の大きさともいう。その反対に、差がなかったと結論したときに、その結論が間違っている確率βがある。第二種の誤り（type II error）の大きさともいう。それを1から引いた値（$1-\beta$）を検定力あるいは検出力（power）という。被験者数が多くなると、検定力が増す。すなわち、実際に差があるときに、正しく有意差を出す確率が高くなる。なお、有意水準を甘くした場合も（五％有意水準ではなく、一〇％有意傾向を適用するなど）、検定力が増す。もちろん有意水準を甘くしすぎると、実際には差がないのに差があったとする間違い（第一種の誤り）を犯しやすくなる。

このような検定のやり方を、t検定（t test）とよぶ。t検定は、二つの平均の間に差がみかけ上はあるのだが、本当にあるといえるのかどうか今一つ自信がないときに、「科学的お墨付き」を得る目的で行われる統計的仮説検定である。もっとも、実際には、差があるに決まっているような大差の場合や明らかに差がない場合でも、機械的にt検定を行うことが多い。

一つの平均を調べるt検定

t検定は二つの平均の差の検定に用いることが多いが、一つの平均値がゼロより多いか、という検定にも使える。例えば、カフェウォール錯視（図8‐4）のみかけの傾きを一〇人の被験者で測定したとして、見かけの左への傾きの平均が二・〇度、標準偏差が一・五度のデータを得たとする。この場合のtは、

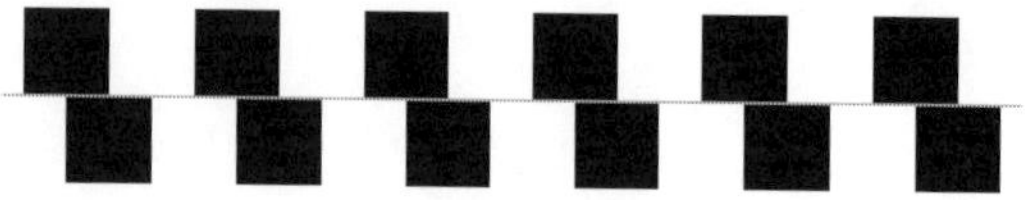

図 8－4　カフェウォール錯視　物理的には水平に引かれた灰色の線が左に傾いて見える

表 8－1　t の表

	自由度										
	8	9	10	12	14	16	18	20	30	60	∞
5%有意水準	2.306	2.262	2.228	2.179	2.145	2.120	2.101	2.086	2.042	2.000	1.960
1%有意水準	3.355	3.250	3.169	3.055	2.977	2.921	2.878	2.845	2.750	2.660	2.576

得られた t 値が該当する自由度の表の t 値よりも大きければ、有意差あり。得られた t 値が 5% 有意水準値と 1% 有意水準値の両方よりも大きければ、1% 有意水準で有意差あり。得られた t 値が 5% 有意水準値よりは大きいが、1% 有意水準値よりは小さければ、5% 有意水準で有意差あり

$$t=\frac{\overline{X}}{s/\sqrt{n}}$$

で求められる（自由度は $n-1$）。前述した標本平均の標準偏差（標準誤差）と同型である。

$$t=\frac{2.0}{1.5/\sqrt{10}}\fallingdotseq 4.216$$

となる。自由度は10－1＝9であり、表8－1より、t が2.262より大きければ五％有意水準で有意差があり、t が3.250よりも大きければ一％有意水準で有意差がある。t は両者よりも大きかったので、この平均値は統計学的に有意にゼロからの差がある（$t_9=4.216, p<.01$）。つまり、カフェウォール錯視が見られたといえる。

同じ人から得た二つのデータの平均を比較する t 検定

教授法の例では、二つのクラスのメンバーは違っていることにしていた。このような実験計画法を被験者間計画とよぶ。俗にビトゥウィーン（between）という。もしそのような実験を同じメンバーで行った場合は、被験

表8-2　仮想の4クラスの国語のテストの得点

	得点										平均	SD	分散
クラス1	80	100	77	87	84	90	65	81	85	84	83.30	9.02	81.34
クラス2	78	89	80	99	65	80	82	94	79	86	83.20	9.46	89.51
クラス3	62	81	70	72	82	76	58	64	70	78	71.30	8.14	66.23
クラス4	84	61	58	75	65	72	74	80	67	73	70.90	8.17	66.77

者内計画とよぶ。俗にウィズイン（within）という。後者は練習・学習・疲労・順応などの効果が混入する可能性があることが欠点であるが、被験者の数を節約できる利点がある。

検定の仕方は、まず各個人内の二つのデータ（A条件とB条件）の引き算（X_A-X_B）を行い、Dとする。被験者がn人なら、D_1、D_2、…、D_nが得られる。これらの平均が$\bar{D}$で、標準偏差がs_Dならば、

$$t=\frac{\bar{D}}{s_D/\sqrt{n}}$$

で求められる。

心理統計学の教科書によっては、もっと複雑な計算式を書いてあることがあるので、惑わされないよう注意が必要である。それは、計算機が標準偏差を一発で計算してくれなかった手計算時代の名残である。

三つ以上の平均値の比較には分散分析

t検定は二つの平均値の比較をするが、三つ以上になると分散分析（ANOVA：analysis of variance）を用いる。もし測定された平均値がn個なら、それらn個をデータとした分散*から推定された母集団の分散（群間の分散）と、素データから推定された母集団の分散（群内の分散）を、F検定という方法で比較する方

法である。前者が後者よりも統計学的に有意に大きければ、同じ母集団からの標本抽出ではない、ということになり、それらの平均値のどこか、あるいはすべてに差があることを意味する。

＊　分散（variance）とは標準偏差の二乗である。

たとえば、一〇人ずつのクラスが四つあったとして、国語のテストの得点が表8－2のようであったとする。この表からは、クラス1とクラス2の成績がよくて、クラス3とクラス4の成績が悪いように見える。これを調べるためには、まず素データからの母集団の分散の推定が必要である。それは、各クラスの分散の平均をとればよい。

この例では、$(81.34+89.51+66.23+66.77)/4 \fallingdotseq 75.96$ である。一方、各クラスの平均得点の分散を計算すると（全平均は77.20）、$\{(83.30-77.20)^2+(83.20-77.20)^2+(71.30-77.20)^2+(70.90-77.20)^2\}/(4-1) \fallingdotseq 49.24$ であった。これは標本誤差の二乗すなわち $(\sigma/\sqrt{n})^2$ に相当するので、全体の分散 σ^2 の推定値は、$49.24 \times 10 \fallingdotseq 492.36$ となる。

ここにおいて、四つの標本平均から得られた492.36という母集団のばらつきの推定値が、各群内のばらつきから得られた75.96という母集団のばらつきの推定値よりも大きいかどうかが興味の対象となる。

ここで、F＝群間の分散／群内の分散＝$492.36/75.96 \fallingdotseq 6.48$ となる。そこで、自由度が分子3（＝4－1）、分母36（＝4×（10－1））のFの表（心理統計学の専門書の巻末の表を参照）を見ると、Fは4.38よりも大きいと一％有意水準に入るので、有意差ありといえる。すなわち、四つのクラスの平均値は等しくない（$F=6.48, df=3/36, p<.01$）。

ただし、クラス1とクラス2の成績がよくて、クラス3とクラス4の成績が悪いと明確にいうためには、さらに各クラスの平均値の総当りの検定が必要で、それを多重比較（multiple comparison）という。

分散分析、F検定および多重比較についての詳しい解説は、専門書に譲る。

第9章　学習と記憶の心理学

こころが変容する過程は学習（learning）とよばれ、その変容したこころの実体的概念を記憶（memory）という。心理学では、こころは経験によって自由に変容するという考え方、学習説が優勢のようである。＊ この章では、学習と記憶の心理学（psychology of learning and memory）を概説する。

＊ 生得説対学習説（氏か育ちか）の対立には長い歴史がある。哲学においては、デカルトの理性主義（合理論）は生得説に、ロックの経験主義（経験論）は学習説に対応する。ゲシュタルト心理学には理性主義的傾向があり、行動主義ははっきり経験主義であったが、認知心理学においては一部に理性主義的傾向が認められ、一方の臨床心理学は経験主義的傾向が強い。

記憶

記憶（memory）は、「覚えること」、「覚えていること」、「思い出すこと」の三つの働きからなっている。それぞれ、記銘（memorization）、貯蔵（storage）、再生（recall）とよばれる。あるいは、計算機科学的に、情報の符号化（encoding）、貯蔵、検索（retrieval）ともいう。もっとも、情報を「符号化」して蓄えるといっても、コンピュータがやるような0か1かという情報に還元して媒体に記録するというものではなく、学習内容を人間の既存のスキーマに組み込んでいくという作業である。よりよく記銘するためには、リハーサル、体制化、精緻化などの方略がある。

リハーサル（rehearsal）とは、短期記憶に貯蔵された情報を、反復想起することである。ただ同じ内容を反復するだけの維持リハーサル（maintenance rehearsal）と、意味的処理によって既存のスキーマと関連づける精緻化リハーサル（elaborative rehearsal）が区別される。これらは意識的にも、無意識的にも行われる。

記憶の体制化（organization of memory）とは、関連する記憶をまとめ、整理して覚える方略である。「イヌ、ミカン、イチゴ、ネコ、モモ、ウマ、ヒツジ、リンゴ」という系列を記憶する場合、系列の順番で覚えるのではなく、たとえば動物と果物というカテゴリーに分けて覚える（群化）といったことである。

精緻化（elaboration）とは、情報を意味的に符号化することで、記銘をよくすることである。精緻化の例として、語呂合わせがある。たとえば、$\sqrt{3}$の覚え方は「人並みにおごれや（1.7320508）」である。

忘却

記憶が引き出せないことを忘却（forgetting）という。忘却には、符号化・貯蔵・検索の各段階に対応して、符号化の失敗、貯蔵からの散逸、検索の失敗の三つの可能性が考えられる。そのうち、検索の失敗（検索失敗説）が、忘却の主要な要因として挙げられることが多い。そのとき思い出せなくても、後で思い出せる記憶が多いからである。しかし、後で思い出せた記憶は虚偽の記憶である可能性もある（後述）。忘却の理論としては、他に減衰説（実体としての記憶痕跡というものがあり、それがだんだん失われると考える）、干渉説（記憶したもの同士が干渉して思い出しにくくなると考える）、抑圧説（精神分析の立場から、自我に脅威を与える記憶は無意識の底に押し込められると考える）などがある。

検索失敗説を支持するものとしては、トムソン（Thomson, D. M.）とタルヴィング（Tulving, E.）の符号化特定性原理（符号化特殊性原理：encoding specificity principle）の考え方が有力である。符号化特定性原理とは以下のようなものである。記銘するときにはターゲットだけでなく周辺情報も一緒に符号化されて、それが記憶の再生のための手がかりとなる。そのため、この有効な検索手がかりがない状態、要するに記銘したときとはかなり異なる状況のときは、記憶を再生しにくい、すなわち検索の失敗を起こしやすい、と考える。

符号化特定性原理は、現象としては、記憶の状態依存（state-dependent memory）や記憶の文脈依存（context-dependent memory）として現れる。前者は、記憶したときと気分が一致したとき、記憶を再生しやすいことであり、後者は、記憶したときと環境的文脈が一致したとき、記憶を再生しやすいことである。

再認と再生

記憶の検索においては、再認と再生を区別することがある。この場合、再認（recognition）とは、ある対象を知覚して、それが以前経験したものと同じであると、記憶をもとに判断することである。Aさんを見てAさんとわかれば再認である。一方、再生（recall）とは、ある対象について、記憶の中から情報を取り出して心的イメージを構成したり、記憶に基づいて絵を描いたりすることである。Aさんを見て、「この人はAさんである」と表明した場合も、再生である。一般的には、再生は再認よりも難度が高いとされるが、逆の例も知られている。

長期記憶と短期記憶

新しいことを学習すると、いくつかは覚えられるが、残りは忘れてしまう。長期にわたって覚えている学習情報を長期記憶（long-term memory）とよび、学習してしばらくの間だけ覚えていられる学習情報を短期記憶（short-term memory）とよぶ。短期記憶の一部が長期記憶に移行することを記憶の転送とよぶが、これは短期記憶をコンピュータのメモリーやバッファーと考え、長期記憶をハードディスクとみなすアナロジーからきている。しかし、短期記憶と長期記憶の貯蔵場所がコンピュータのように明確に異なる場所なのかどうかは、いまだにわかっていない。

大脳の内側部の奥にある海馬（hippocampus）が損傷されると、新しいことを覚えることができなくなる。これは記憶障害（memory disorder）あるいは健忘（amnesia）とよばれ、この場合を特に前向性健忘（anterograde amnesia）という。これは高次脳機能障害の一つに数えられる深刻な障害で、交通事故などによる脳虚血や脳損傷によって発症する。昔のことは思い出せる、すなわち長期記憶は保たれることが多い。また、新しいことはしばらくは覚えていられる、すなわち短期記憶も保たれることが多い。しかし、学習後しばらくすると、学習した内容を忘れてしまう。つまり、短期記憶から長期記憶への転送が障害される。

長期記憶の記憶容量はたいへん多いが、短期記憶の容量は少ない。しかしながら、人間にはものを覚えるいろいろなテクニックがある。たとえば、14142135617320508という一七個の数字をそのまま覚えるのは容易でないが、2の平方根と3の平方根であると考えれば、覚えるべき情報は少なくなる。このように、入力された生の情報を意味のある情報に構造化することで、保持すべき情報量の低減を行う（体制化・精緻化）。このように構造化された情報単位をチャンク（chunk）とよぶ。短期記憶の容量は、7±2チャンクといわれる。

短期記憶を作業記憶（ワーキングメモリー working memory）とよぶこともある。作業記憶とは、そのときそのときの諸活動に使うために、意識のレベルから検索しやすい位置に一時的に置かれた短期的情報の総体のことである。しかし、ここには長期記憶からロードした各種の記憶、技能、スキーマ、スクリプトが含まれている。つまり、もし短期記憶という用語を外から入ってきた情報の一時貯蔵という意味に限定して使うのであれば、短期記憶と作業記憶は異なる概念である。

宣言的記憶と手続き的記憶

「郵便ポストは赤い」という記憶と「昨日手紙を郵便ポストに投函した」という記憶は、記憶の種類が異なる。前者を意味記憶（semantic memory）、後者をエピソード記憶（episodic memory）という。意味記憶は個々の生活場面に限定されない一般的知識である。「何はどのようなものであるか」「どうすれば、どうなる」という形式の記憶である。一方、エピソード記憶は特定の個人の特定の日時・場所における記憶である。そのため、エピソード記憶は過去形で表現される。*「いつ」「どこで」との問いの答えになる記憶である。意味記憶とエピソード記憶を合わせて、宣言的記憶（declarative memory）とよぶ。宣言的記憶は、後述の手続き的記憶とは違って、言葉やイメージで意識することができる。

＊　ところで、「郵便ポストは赤かった」は意味記憶であろうか、エピソード記憶であろうか。過去形の意味記憶である可能性と、「郵便ポストは赤い」という意味記憶を「知った」というエピソード記憶であるという可能性がある。なお、この例のような複数の人で共有できる記憶ではなく、個人特有で重要なエピソード記憶（たとえば「難関の入試に合格した」）を自伝的記憶（autobiographical memory）および、強い個人的感情と個人的意味を含んでいる。

エピソード記憶は現在から過去を振り返る形式なので回顧的記憶（retrospective memory）ともいわれるが、その反対に現在から未来に向けて保持する記憶がある。それは展望的記憶（prospective memory）とよばれる。具体的には、締切り日までに報告書を仕上げるとか、予約して歯の治療を受けるといった、日常の活動において欠かせない記憶のことである。展望的記憶は、何をいつ行うかを記銘すること、それが実行されるまでその記憶を保持すること、それを行うべきときがきたら想起してその行為を遂行することの三つの段階からなる。最後の段階の想起と遂行を別の段階と考える立場もあり、その場合は記銘・保持・想起・遂行の四段階となる。展望的記憶はプランの記憶であり、遂行という概念も重要である点で、宣言的記憶とは異なるとされる。

宣言的記憶に対して、手続き的記憶（procedural memory）というものがある。手続き的記憶とは、自転車の乗り方のような技能の記憶である。さらに、手続き的記憶には、lとrの音の聞き分けといった弁別学習の記憶も含まれる。この記憶は、学習が精緻化すればするほど自動化が進み、想起のときに意識されにくくなるという点が特徴的である。逆に、想起のときに意識できない記憶が手続き的記憶で、意識できる記憶を宣言的記憶としている、ともいえる。

手続き的記憶にプライミング（priming）を含めることが多い。プライミングとは、先に提示された情報が後続の知覚や認知に促進的な効果を与える現象である。たとえば、アルファベットをいくつか見た後に○が提示されると「オー」と知覚しやすくなり、数字をいくつか見た後では「ゼロ」と知覚されやすくなる。先行情報が後続の知覚・認知を妨害する場合は、負のプライミングという。プライミングが手続き的記憶の一つに分類される理由は、先行情報のことを思い出せなくても（意識できなくても）プライミングは起こるからである。

虚偽の記憶

虚偽の記憶（false memory）とは、実際には起こっていないことを思い出すこと、あるいは実際には起こった事実とはかなり異なることを思い出すことである。誤りを指摘されるとすぐ訂正されるような思い違いや勘違いとは異なり、その誤った記憶の確信度が高いことが特徴的である。ただし、妄想のような病的なものではない。虚偽の記憶は交通事故などの目撃証言の信頼性にかかわる問題として広く知られるようになったが、自伝的記憶の歪曲や自伝的記憶の分析を用いる心理療法など、研究の範囲は広い。

交通事故の目撃証言が変容していく過程の実験的研究として、ロフタス（Loftus, E. F.）とパーマー（Palmer, J. C.）の一九七四年の研究が有名である。この実験では、被験者に交通事故のフィルムを見せ、事故を起こしたクルマの速度を見積もらせた。その質問の仕方が被験者によって違っており、「クルマが接触したとき、どのくらいの速度で走っていましたか」、「クルマが当たったとき、どのくらいの速度で走っていましたか」、「クルマがぶつかったとき、どのくらいの速度で走っていましたか」、「クルマが衝突したとき、どのくらいの速度で走っていましたか」、「クルマが激突したとき、どのくらいの速度で走っていましたか」の五種類であった。その結果、後のほうの質問をされた被験者ほど、速度を高く見積もった。すなわち、質問項目中の「激突した」や「衝突した」ということばが、記憶の中で、速度見積もりを高い方向に誘導したのである。さらに、同様の実験の一週間後、「あなたは壊れた窓ガラスを見ましたか」と質問すると、「激突した」群は「当たった」群の二倍以上がイエスと答えたが、実際には窓ガラスは壊れていなかった。これらは偽の記憶が形成された証拠である。

系列位置効果

電車の路線の駅名を覚えるときのことを考えよう。「京都」「五条」「四条」「烏丸御池」「丸太町」

「今出川」「鞍馬口」「北大路」「北山」「松ヶ崎」「国際会館」というリスト系列（京都市営地下鉄烏丸線）をこの順番で丸暗記する場合、早く学習されるのは「京都」と「国際会館」である。前者を初頭効果（primacy effect）、後者を新近性効果（recency effect）という。このため、系列学習の学習曲線は、系列を関数とした逆U字型のカーブを描く。これを系列位置曲線（serial position curve）とよぶ。初頭効果は、リストの初めの項目は早く長期記憶に転送・貯蔵されて干渉を受けにくいためであると説明され、新近性効果は、リストの最後の部分は短期記憶に記憶痕跡が残っているためであると説明されることが多い。

新近性効果の短期記憶説は、遅延再生課題で検討できる。リスト提示から再生までの間に、計算などの妨害課題を行わせると、初頭効果と中間部は影響を受けることなく、新近性効果が失われる。しかし、長期記憶を必要とする課題でも新近性効果が観察されることがわかっており[*]、新近性効果は短期記憶を想定するだけでは説明できないようである。

＊ 長期新近性効果（long-term recency effect）という。たとえば、一定のシーズンのあるプロのスポーツ選手に対戦相手のことを思い出させると、最近の試合の相手の記憶のほうが、それ以前の試合の相手の記憶よりも優れていることである。

系列学習における忘却の研究においては、順向抑制や逆行抑制の要因も検討される。順向抑制（proactive inhibition）とは、先行する学習が後続の学習を妨害することである。学習内容が類似している場合に起こりやすい。その逆に、逆行抑制（retroactive inhibition）とは、後続の学習が先行する学習を妨害することである。二つの学習が時間的に接近している場合、学習内容が類似している場合、後続学習の学習量が先行学習よりも多い場合に、逆行抑制の程度は大きくなる。

忘却曲線

記憶の保持の研究については、記憶研究の祖・エビングハウス（Ebbinghaus, H., 1850–1909）の無意味綴り（nonsense syllable）を用いた研究が有名である。エビングハウスは学習量・記憶量の指標として、再学習法（relearning method）における節約率を用いた。節約率（saving ratio）とは、最初の学習（t_A）に比べて、どの程度早く再学習できて（t_B）、その結果、初めてやるのに比べて学習の時間をどの程度節約できたか（$t_A - t_B$）/t_Aというものである。

覚えたことは時間とともに忘れていく。この様子を、横軸を時間、縦軸を節約率のグラフにしたものを忘却曲線（forgetting curve）という。学習後約二〇分で急速に忘却が進むが、学習量の一定の割合は数日後も保持されるとともに、漸減する。エビングハウスの保持曲線（Ebbinghaus curve of retention）ともいう。

忘却を遅らせるためには、まずリハーサルが有効である。そのほか、同じ量を繰り返し学習する場合は、休憩をはさみながら行う分散練習（distributed practice）が有効で、集中練習（massed practice）よりも学習効果が大きい。この原因は、記憶のレミニセンスによるものではないかと考えられている。レミニセンス（reminiscence）とは、記憶の再生は学習後時間とともに低下することが普通であるが、条件によっては学習直後よりも一定時間経過後のほうが成績がよい場合があることを指す。忘却を遅らせるためには、学習直後の睡眠も有効である。

第10章

動物心理学

動物心理学（animal psychology）あるいは比較心理学（comparative psychology）は、人間を被験者として実験することが困難な、あるいは適当でない心理現象を、動物を用いて研究する実験心理学である。つまり、動物心理学は、必ずしも動物の心理学ではない[*1]。動物心理学が成立するためには、人間は特別なものではなく、動物の一種であるという認識を必要とする。ヒト（*Homo sapiens*）という種は、類人猿[*2]に最も近縁で、サル、げっ歯類と続く。動物心理学でよく用いられる動物は、ネズミ[*3]とハトである。なお、霊長類研究所を持つ京都大学には、類人猿やサルを研究対象とする研究者が多い。

＊1　もちろん、動物心理学が動物の心理学であるという立場も可能である。なお、それぞれの動物種の行動を研究する学問は、動物行動学（ethology）とよばれる。

＊2　日本語のカテゴリーではチンパンジーもニホンザルも「サル」であるが、動物心理学では、チンパンジーやゴリラは類人猿（ape）とよび、サル（monkey）よりも高等な動物として区別する。

＊3　実験動物のネズミは、通常はラットかマウスである。ラット（rat）とはドブネズミ（*Rattus norvegicus*）のことで、体は大きく、泳ぐことができる。マウス（mouse）とはハツカネズミ（*Mus musculus*）のことで、からだは小さく、活発に動き回る。生体リズムの研究でハムスター（hamster）が用いられることもある。

動物心理学の研究対象は、行動、学習、記憶、欲求、動機づけなど多岐にわたる。本章では、学習と動機づけを中心に概説する。

条件づけ

最も基本的な学習は、条件づけ（conditioning）である。条件づけには、レスポンデント条件づけとオペラント条件づけがある。[＊]

＊　刻印づけ（imprinting）を基本的学習の一つに数えることもある。刻印づけとは、ガンやカモの雛が、生まれて最初に出会ったものを親であるとみなして追従することである。

レスポンデント条件づけ（respondent conditioning）とは、ある生得的な刺激によって反射を起こす直前に、別の中性の刺激を提示するということを繰り返すと、その中性刺激だけでその反射を引き起こすことができるようになることである。日本人にわかりやすい喩えとしては、梅干を見ると唾液が出る、という現象がある。

梅干はすっぱいのでなめると唾液が出るが、それは生得的な反射である。これを無条件反射（unconditioned reflex）という。無条件反射には、角膜反射（一側の眼の角膜にものが触れると、両側の眼が閉じる反射）や腱反射（腱を叩くとその筋が収縮する反射）などいろいろな種類がある。無条件反射を引き起こす刺激を無条件刺激（USあるいはUCS：unconditioned stimulus）、その反応を無条件反応（URまたはUCR：unconditioned response）とよぶ。

梅干をなめる（US）前には梅干を見る。古典的条件づけでは、梅干の姿が新たな刺激となって唾液が出る（UR）ようになる。この場合、梅干の姿を条件刺激（CS：conditioned stimulus）とよび、梅干を見ただけで唾液が出ることを条件反応（CR：conditioned response）という。要するに、CSによってCRを起こすように学習することが、レスポンデント的条件づけである。レスポンデント条件づけは、古典的条件づけ（classical conditioning）あるいはパヴロフ型条件づけともいう。パヴロフ（Pavlov, I. P.）はイヌを用いて食べ物と胃液分泌の関係を調べる中で、この条件づけを発見した。

オペラント条件づけ（operant conditioning）あるいはオペラント学習とは、生体がある行為をした直後に報酬（reward）が与えられると、次からその行為が起こる確率が高まるというものである。その行為は、無条件反応のように何かによって解発されるものではなく、誘発する刺激が見当たらないのに、自発的に起こるものという意味で、オペラント（operant）とよばれる。オペラントの生起確率を高める報酬の働きを強化（reinforcement）とよぶ。このとき報酬のことを強化子（reinforcer）とよぶ。

たとえば、買い物中に幼児がだだをこねたとき、親が根負けしてお菓子を買い与えてなだめることがある。そうすると、お菓子が強化子となって、だだこね行動が強化される。つまり、次に買い物に行ったときに、その幼児がだだをこねる確率が高くなる*。

* 幼児がスーパーでだだをこねる行動を示した場合、親が以前にオペラント条件づけを用いてだだこね行動を強化した結果である可能性もあるが、単にその幼児のそのオペラント水準（operant level）が最初から高かったからであるとも解釈できる。

オペラント条件づけは、道具的条件づけ（instrumental conditioning）あるいはスキナー型条件づけともいう。スキナー（Skinner, B. F.）は、それまで混然としていた条件づけの研究知見の中から、古典的条件づけとオペラント条件づけが別のものであることを示した。

オペラント条件づけで学習されるのはオペラントと強化の随伴性であるが、環境刺激とオペラントの関係が学習されることも多い。先ほどの幼児の例でいうと、スーパーではだだこねでお菓子が手に入るが、デパートでは買ってもらえないという経験を繰り返すと、スーパーだけでだだこねをするようになる。これは、スーパーがだだこね行動というオペラントを解発する刺激となったことを意味する。この場合のスーパーを弁別手がかりとよぶ。こうして、オペラント学習においても、刺激性制御の学習が成立する。弁別手がかり（刺激）、オペラント（反応）、報酬の三者の関係を三項強化随伴性（three-term contingencies of reinforcement）とよぶ。

幼児がだだをこねたのに親がお菓子を買ってくれなかったとすると、幼児は次第にだだをこねなくなる。これを消去（extinction）という。強化子がないとその行動は維持できず、オペラントの水準が最初の自発的水準にまで下がる。もちろん、消去には試行数を必要とする。この消去のしにくさを消去抵抗（resistance to extinction）とよび、そのオペラント条件づけの強さの指標となる。

古典的条件づけでも、US（梅干の味）を提示することをやめると、条件反応は次第に失われる。これも消去（extinction）という。古典的条件づけでは、USを報酬（強化子）と考え、USが失われることでCS（梅干の姿）とCR（唾液分泌）の連合が維持できなくなると考える*。

＊　レスポンデント条件づけにおいて大切な要因はCSとUSの時間的接近ではなく、CSがUSの予期できる情報を含んでいるかどうかであるという考え方がある。この考え方では、US（強化子）が与えられていてもCSとUS提示のやり方がランダムであれば条件づけが行われないことになる。レスコーラ（Rescorla, R. A.）は、この真にランダムな統制手続き（truly random control procedure）が、レスポンデント条件づけの実験の統制群として用いられるべきであると考えた。

そのほか、ある行動をしたら痛い目にあったとすると、その行動は起こりにくくなる。そのように痛い目にあわせることを罰（punishment）という。罰は行動をコントロールするという意味で強化に似ているが、罰自体が情動的な動機づけを作り出す力を持っており、罰せられた個体は時に無力感や不適応な行動を示しやすくなる。なお、罰を受けたらその場から逃れる行動を逃避行動（escape behavior）とよび、罰を受ける前に罰がくることを知らせる刺激（罰をUSとしてレスポンデント条件づけられた刺激）によって早逃げする行動を、回避行動（avoidance behavior）という。

試行錯誤学習

パズルを解くとき、ああでもない、こうでもないといろいろ適当に試しているうちに成功する場合がある。一度うまくいくと、次からは同じパズルを解く時間は短縮される。このような学習を試行錯誤学習（trial-and-error learning）という。これは、試行錯誤をすることがオペラントで、成功したことが報酬・強化子となるオペラント学習である。

試行錯誤学習の考え方は、ロマーニズ（Romanes, G. J., 1848-1894）と並ぶ動物心理学の祖・モーガン（Morgan, C. L., 1852-1936）の観察記述に始まるが、ソーンダイク（Thorndike, E. L.）の問題箱（problem box）の研究がよく引用される。ソーンダイクは、ネコが問題箱の中の輪を引くことで扉が開き、問題箱から脱出して外に置かれた餌を食べることを学習していく様子を観察した。ネコは数試行で脱出までの時間を大きく短縮した。なお、ソーンダイクは、今でいうオペラント条件づけの原理を、効果の法則（law of effect）とよんだ。

洞察

問題解決場面では、実際に試行錯誤をしなくても、思考で解決に至ることがある。これは、こころの中で試行錯誤をして、その結果こころの中だけで報酬を得るに至ったものを、実際に行動として表出することと考えられる。これを洞察（insight）とよぶ。

ケーラー（Köhler, W.）のチンパンジーの実験が有名である。チンパンジーは、檻の外にある果物を手に入れるためには、短い棒で長い棒を引き寄せ、長い棒で果物をとるという動作が必要であったが、これに成功した。これは試行錯誤の結果到達されたものではなく、チンパンジーはしばらく何もせずに全視界をくわしく調べた後、突然ひらめいたように正しい解に到達したのである。

洞察において、こころの中で解決した瞬間は、「はっ」と解決に気づく高揚感がある。これをアハー体験（aha experience）という。そのため、洞察は創造性の研究の文脈で語られることも多い。

観察学習

人間は、他者の行動とその結果を観察しただけで、実際に自分がその行動をすることなく、その行動と、その賞罰を学習することができる。これを観察学習（observational learning）という。他者（モデル）の観察により学習するので、モデリング（modeling）ともいう。この考え方は、バンデューラ（Bandura, A.）の社会的学習理論（social learning theory）の中核である。

観察学習によって、人間は実際に犯罪行為をして罰せられる経験なしに、してはならない行為がどれであるかを知り、そのような行為をしないことを暗黙のうちに学習する。観察学習は社会的意味のある重要な学習形態であるが、基本は内的なオペラント学習と考えられる。

なお、他者の行動を学習したが、その賞罰までは学習しなかった場合は、模倣学習（imitative learning）とよばれる。模倣（imitation）は子供によく見られ、行動レパートリーの習得に役立つと考えられる。もっとも、模倣のままでは、実際にそのレパートリーを行動に移したとき、罰を受けること（たとえば盗作）がある。

欲求・動機づけ・動因・誘因

オペラント学習では、強化子を一次的強化子（primary reinforcer）と二次的強化子（secondary reinforcer）に区別する。動物が生得的に持っている欲求を充足する報酬、たとえば空腹時の食べ物を一次的強化子とよび、後に食べ物に引き換えられるような価値を持ったもの、たとえばお金を二次的強化子とよぶ。同様に、動物が生得的に持っている欲求を一次的欲求（primary need）とよび、一次的欲求から派生する欲求を二次的欲求（secondary need）とよぶ。この定義に従えば、摂食欲求、性欲求、探索欲求（好奇心）などは一次的欲求で、金銭欲求は二次的欲求である。

コミュニケーションの欲求のような社会的欲求は、二次的欲求のように見える。ところが、たとえば友達とおしゃべりをしたいのは、たとえば友達に対して食べ物や性行為の饗応を期待しているからではない*。つまり、高次に見える社会的欲求にすら、一次的欲求すなわち生得的なものがある。

* たとえば、耳の聞こえない人の最大の苦しみは、ラジオ・テレビ・音楽が聴けないことではなく、コミュニケーションの障害であるという。衣食住が満たされ、新聞等で世間の情報の取得は十分なされていても、人とコミュニケーションをしたいという欲求が失われることはない。

一方、社会的欲求は生理的欲求を基盤にして形成されるが、次第に両者は独立し、生理的欲求の満足を犠牲にしても社会的欲求の満足を優先させられるようになるのだ、という考え方があって、一定の支持を得ている。これは、機能的自律性（functional autonomy）（Allport, G. W.）とよばれる。機能的自律性の考え方によれば、社会的欲求は二次的欲求であるが、一次的欲求のように自己完結性が獲得されている。二次的欲求の自律性という概念は、たとえば守銭奴（お金がすべてという人）の行動を説明できる。

マズロー（Maslow, A. H.）の欲求階層説（need-hierarchy theory）では、最下層に「生理的欲求」があり、その上に「安全の欲求」、「愛情と所属の欲求」、「承認の欲求」、「認知の欲求」、「審美的欲

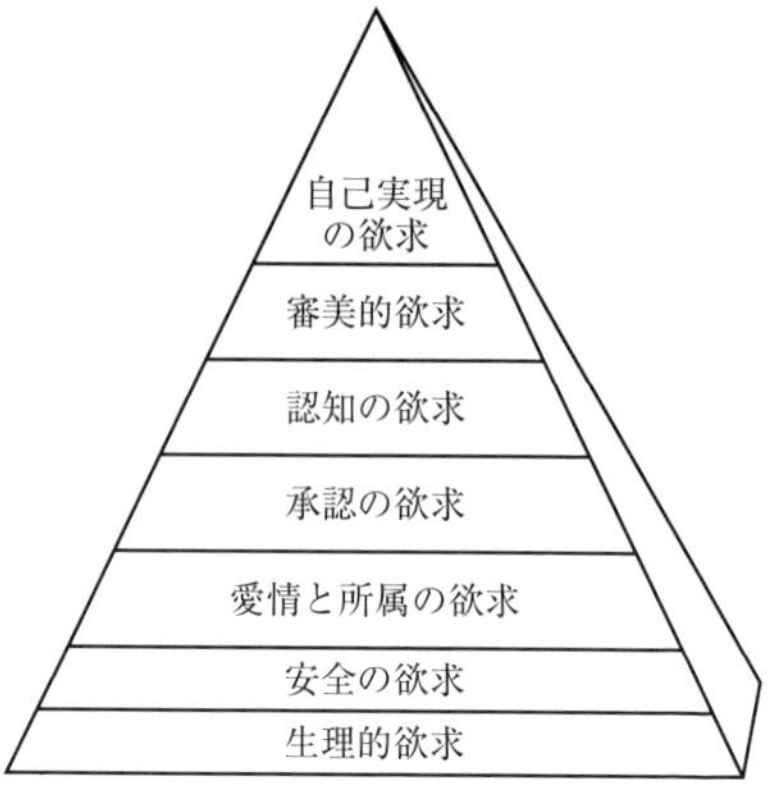

図10－1　マズローの欲求階層説　マズローは自己実現の欲求を至高のレベルとした。5層（生理的満足・安全と安定・所属と愛情・承認と自尊心・自己実現）の旧バージョンのほうがよく知られている

求」、「自己実現」の欲求が積み重なる構造を仮定している（図10－1）。欲求階層説では、より下層の欲求がある程度満たされて初めて、より上位の欲求が起こるようになる、と考える。マズローによれば、最高の自己実現の欲求以外は欠乏欲求である。

欲求（need）ということばは何かが「不足」している状態という意味を持っていて、生理学的なイメージがある。しかし、心理学としては、欲求という用語をこころの中に発生した「エネルギー場」のようなイメージで使いたいので、いろいろなことばを工夫してきた。ゲシュタルト心理学は、そのまま場（field）とよんだ。レヴィン（Lewin, K.）の生活空間（life space）も同じ概念である。しかし、今日よく用いられる用語は、動機づけ（motivation）と動因（drive）・誘因（incentive）である。

動機づけとは、何か欲求があって、何かを求めるよう方向づけられた状態である。方向づけられているだけでなく、それをしないではいられない、という状態を指す。これに類似して、動因とは、その動機づけられた行動を内側から押す力という概念である。その反対に、誘因は行動を外側から引っ張る力を持つものである。たとえば空腹時では、食べ物が誘因である。

オペラント学習におけるスキナーの説明では、報酬は最初から一定の強化量を持つものとされる。一方、ハル（Hull, C. L.）の動因低減説（drive reduction theory）では、報酬が与えられて動因が低減した量に、強化量は比例すると考える。一般に前者が受け入れられているが、報酬が動機づけの関数であることも事実であろう。

第11章

生理心理学

こころは脳（brain）の機能である。脳の機能の研究をする学問領域は、神経生理学（neurophysiology）である。これに隣接して、こころの機能の研究の中でも生理学的色彩の強い心理学の領域を、生理心理学（physiological psychology）とよぶ。生理心理学は、こころの活動と脳の活動の関連を調べる。

覚醒と睡眠

人間は、朝起きて、夜寝る動物である。この覚醒と睡眠のメカニズムについては、生理心理学では、脳の特定の部位の活動にその根拠を求める。

覚醒水準に関係した中枢として、上行性網様体賦活系（ascending reticular activating system）や汎性視床投射系（diffuse thalamic projection system）が想定されている。これらは、脳幹網様体や視床非特殊核から大脳全体に信号を拡散的に送って大脳皮質を活性化させるメカニズムと考えられている。なぜなら、脳幹網様体を障害されると覚醒を維持できなくなり、視床非特殊核を電気刺激すると覚醒反応が見られるからである。

一方、睡眠中枢としては、脳幹の縫線核（raphe nucleus）と青斑核（locus coeruleus）が想定されている。睡眠には二種類あり、縫線核は後述するノンレム睡眠に、青斑核はレム睡眠に関係すると考えられている。ノンレム睡眠にはセロトニン（5HT）という脳内モノアミンが必要であり、レム睡眠にはノルアドレナリン（NA）という脳内モノアミンが必要であることがわかっていたが、縫線核のニューロン*はセロトニン作動性ニューロン（シナプスでの伝達物質がセロトニンであるニューロン）を多く含み、青斑核のニューロンはノルアドレナリン作動性ニューロンを豊富に含んでいることがわかった。

＊ ニューロンとは、神経細胞（neuron）のことである。

ノンレム睡眠（non-REM sleep）とは、入眠直後からだんだん深くなっていく睡眠である。ノンレム睡眠では、脳波（後述）の振幅が大きくなり周波数が低くなること（高振幅徐波化）から、徐波睡眠（slow-wave sleep）ともいう。*ノンレム睡眠時には、筋緊張が低下し、血圧・脈拍・呼吸数も低下する。寝言、歯ぎしり、寝返りをする。ノンレム睡眠は新生児の睡眠の約五〇％、成人の睡眠の七五〜八〇％を占める。

＊ 正確には、ノンレム睡眠を深さで四段階に分けた場合、徐波の出やすい段階三と段階四を合わせたものを徐波睡眠という。徐波は、覚醒状態の正常な成人には出現しない。

ノンレム睡眠の深さがある程度まで進むと、レム睡眠（REM sleep）に移行する。レム睡眠時には、急速な眼球運動（rapid eye movement）が観察できるので、その頭文字をとってREM睡眠とよばれる。レム睡眠は、覚醒時に近い脳活動を示すが、外的刺激に対して覚醒する閾値を求めると、ノンレム睡眠よりも睡眠の深さは深い。このため、レム睡眠を逆説睡眠（paradoxical sleep）ともよぶ。レム睡眠時は脳は活動しているが、抗重力筋は完全に弛緩している。血圧・脈拍・呼吸数は上昇する。夢の多くはレム睡眠時に見ていることがわかっている。

レム睡眠の具体的な機能はわかっていないが、レム睡眠を奪うと精神活動に支障をきたすことがわかっている。そのほか、レム睡眠の機能として、不要な記憶の整理をしたり、長期記憶の定着を促進するという仮説がある。

ノンレム睡眠とレム睡眠のサイクルは、約九〇分周期である。この周期が一夜の睡眠の中で四～五回繰り返される*。このようなサイクルは覚醒時にも継続して観察され、日中でも九〇分前後の周期で覚醒水準や他の生理学的指標が変動する。これは、基礎的休息活動周期（BRAC：basic rest–activity cycle）とよばれている。

＊ レム睡眠は、睡眠のサイクルを繰り返していくうちに長くなる。すなわち、明け方のレム睡眠時間は深夜のそれよりも長い。

脳　波

「脳波で人のこころが読めるか」という素朴な問いへの答えは、残念ながら「読めない」である。しかし、その人が覚醒しているか、考えごとをしているか、まどろんでいるか、熟睡しているかといった程度の違いなら、脳波の波形からある程度わかる。

　神経系は情報伝達に電気信号を用いるので、[*1]頭皮表面から脳の電気活動（の集合）を記録することができる。これは皮膚上の電位変化として記録されるが、脳からの信号であると同定された場合には、[*2]脳波（EEG：electroencephalogram）とよぶ。脳波は大脳皮質表面や脳の深部からも直接測定できるが、通常は頭皮上記録を脳波とよぶ。脳波は〇・五～三五ヘルツ（Hz）の周波数の範囲内にある（図11－1）。

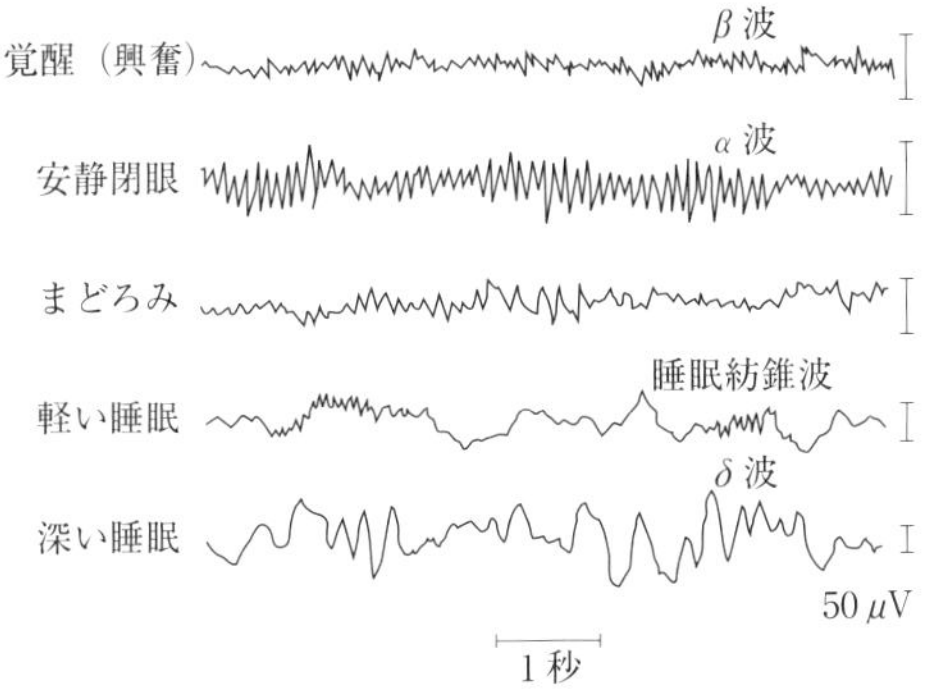

図11－1　覚醒時と睡眠時の脳波の例　〔松田隆夫（編）『心理学概説』（1997）より〕

　覚醒していて目をつぶっているとき（覚醒閉眼時）には、アルファ波（alpha wave；α wave）という脳波が出やすい。アルファ波とは八～一三ヘルツの脳波のことで、通常その波形は連続して現れるので、アルファ律動（alpha rhythm）と

＊1　神経伝導は膜電位変化が将棋倒しのように伝わっていく方式なので、電気の伝わる速さ（光速）に比べると、伝導速度ははるかに遅い。伝導速度の高速な有髄神経でもヒトでは秒速四〇～五〇メートル程度で、無髄神経では秒速一メートル以下である。感覚神経や運動神経は有髄神経であることが多いが、頭蓋内は容量が限られているためか、脳の中の神経線維は無髄神経であることが多い。

＊2　脳波の記録の際には、脳からの信号が微弱であるため、筋からの信号（筋電図）や、蛍光灯などからの交流ノイズが混入しやすい。

よばれる。アルファ律動は後頭部に優位に見られ、サイン波に似たきれいな波形であることが多い。リラックスしたときに出やすいとされる。

目を開けて考えごとをするとき（覚醒開眼時）あるいは精神活動中には、ベータ波（beta wave；β wave）が観察される。ベータ波は一三ヘルツ以上の高周波数の脳波のことで、振幅は小さい。一秒未満から数秒続くベータ律動（beta rhythm）が観察される。

睡眠時の脳波としてシータ波やデルタ波がある。これらは周波数が低いので徐波（slow wave）とよばれるが、覚醒時とは逆に振幅は大きくなる。シータ波（theta wave；θ wave）は四〜八ヘルツのやや低周波数の脳波で、シータ律動（theta rhythm）を示すことが多い。シータ波は通常浅いノンレム睡眠時に観察される脳波であるが、暗算などの作業中に前頭部で記録されることもある。さらに眠りが深くなると、デルタ波（delta wave；δ wave）が現れる。デルタ波は四ヘルツ以下の周波数の脳波で、深いノンレム睡眠ではデルタ律動（delta rhythm）の連続となる。デルタ波は脳の機能低下に対応する脳波とされる。

レム睡眠時の脳波は浅いノンレム睡眠時に似た振幅の小さい波形を示し、覚醒時の脳波に近い。

事象関連電位

「脳波で人のこころが読めるか」という素朴な問いへの答えとして、「少しは読めるかも」といってくれそうなのが、事象関連電位の研究である

事象関連電位（ERP：event-related potential）とは、被験者に課せられた心理的課題の負荷が引

き起こす脳の活動を、頭皮上の電位変化として記録したものである。記録の仕方としては脳波と同じである。事象関連電位の各成分は、予期、注意、意思決定、記憶といった認知過程に対応すると考えられる。なお、外的刺激に対する直接的・単純な反応は、誘発電位（evoked potential）とよばれ、別のカテゴリーとして扱われるが、事象関連電位に含めることもある。

　事象関連電位の代表例としては、後期陽性電位（P３００あるいはP３）がある。P３００は、刺激を受けてからその波形のピークまでの時間が三〇〇ミリ秒の陽性電位*で、二種類以上の刺激の弁別を必要とする課題、特にオドボール課題（oddball task）で出現する。オドボール課題とは、弁別可能な二種類の刺激を提示頻度に差をつけて被験者に提示し、低頻度刺激の刺激に対して所定の反応を行わせる課題である。ほかに、N４００（文脈から意味的に逸脱した刺激に対して起こる陰性電位）や随伴陰性電位（CNV：予期される刺激に注意して待っているときに漸増していく陰性電位）などがある。

＊　耳朶などにつける基準電極の電位に対して相対的にプラスの電位ということ。

最近の測定法

人間を被験者とした生理心理学においては、脳波の測定や事象関連電位の研究が長らく主流の座を占めていた。しかし、近年では、陽電子放射断層撮影装置（PET：positron emission tomography）、機能的MRI（fMRI：functional magnetic resonance imaging）、脳磁計測装置（MEG：magnetoencephalograph）といった大がかりな計測装置を用いて脳の機能を調べる研究が活発に行われるようになった。これらの方法では、脳の機能局在をある程度の解像度で画像化でき、また脳の深部の活動も捉えることができる点が、脳波を測定する研究よりも有利である。ただし、測定装置が高価で大型であることと、被験者の身体拘束が大きいことが短所である。

さらに、近赤外光を使った脳活動計測も始まっている。近赤外線分光法（NIRS : near infrared spectroscopy）という。[*] これは、頭蓋骨を透過する特定の波長の光（波長七〇〇〜九〇〇ナノメートル（nm））を照射し、脳から反射して戻ってくる赤外線の変化（酸素化／脱酸素化ヘモグロビンの濃度変化）を測定することで、大脳皮質の活動を測定する方法である。NIRSでは、ヘッドギアのような測定器をかぶるだけで測定できるので身体的拘束が比較的少なく、将来的には通常の生活場面での脳活動測定が期待できる点が特長である。

＊ 二〇〇五年一月現在、NIRSを応用した日立製作所・日立メディコの製品の呼び方は「光トポグラフィ」、島津製作所の製品の呼び方は「近赤外光イメージング装置」である。

報酬系・罰系

オペラント条件づけにおいては、報酬は行動を制御する重要な役割を担っている（第10章）。これに関連して、脳には報酬に関係した脳内領域と脳内伝達物質があることがわかっている。

報酬に関して、ドーパミン（DA）という脳内モノアミンの役割が、近年注目を集めている。[*1] 特に、中脳辺縁系ドーパミン作動系ニューロン（シナプスの伝達物質がドーパミンで、中脳から辺縁系[*2]に投射するニューロン）は、いろいろな報酬、たとえばおいしい食べ物や飲み物、好みの異性などによって活性化される。また、人工的な報酬性の薬物、すなわちコカイン、アンフェタミンやヘロインによっても活性化される。

しかしながら、ドーパミン作動系そのものは快中枢というわけではなく、動機づけの面に重要な役割を果たしている。具体的には、その魅力的な報酬を得るための行動を粘り強いものに動機づける。動物実験によれば、このニューロン系を電気刺激をすることは、それ自体が報酬となる（後述）。反対に、このニューロン系の活動を抑制する薬物を投与すると、報酬物を欲しがらなくなる。要するに、このニューロン系は、「やる気」に関係している。

＊1　報酬系以外の大きなドーパミン作動系としては、黒質線条体系（nigrostriatal system）が知られている。こちらは運動を制御する構造体で、黒質線条体系のドーパミン作動ニューロンが脱落し、線条体におけるドーパミン量が減少すると、パーキンソン病（Parkinson's disease）を発症する。パーキンソン病では手足が絶えずふるえ、歩行障害などが起こる。

＊2　辺縁系あるいは大脳辺縁系（limbic system）には、扁桃体、海馬体、海馬傍回、帯状回、中隔核などが含まれる。

なお、電気的に刺激をすると報酬効果を生じる領域のことを、報酬系（reward system）という。具体的には、動物実験において、動物がバーを押すと脳内の特定の部位が電気刺激されるようにすると、動物は他に報酬が与えられないのにバーを押し続ける行動、自己刺激（self-stimulation）を示す。報酬系は、外側視床下部を通る内側前脳束（medial forebrain bundle）を中心にとして、一定の範囲に広がっている。内側前脳束は視床下部（hypothalamus）および上位中枢からの出力を脳幹（brain stem）（中脳・橋・延髄のこと）と統合し、摂食行動・飲水行動・性行動・攻撃行動といった目的的行動の遂行に関与している。内側前脳束が破壊されると、それらの行動は失われる。報酬系とは反対に、電気刺激で罰効果のある領域もある。室周系（periventricular system）あるいは背側縦束（dorsal longitudinal fasciculus）がそれである。背側縦束は内側前脳束と並ぶ視床下部を貫通の二大線維連絡路の一つで、視床下部内側部などを通る。背側縦束が破壊されると、防御行動が消失する。

これらに関連して、視床下部には摂食中枢と満腹中枢がある。摂食中枢である視床下部外側核には報酬系の内側前脳束が通り、満腹中枢である視床腹内側核の近くを罰系の背側縦束が通る。また、逃避行動や回避行動を学習するには扁桃体（amygdala）が必要であるが、扁桃体には中脳辺縁系ドーパミン作動系ニューロンが接続している。このように、報酬と動機づけを生理心理学的に理解するためには、内側前脳束、室周系および中脳辺縁系ドーパミン作動系ニューロンがキーワードになるようだ。

大脳半球の機能的左右差

大脳は左右両半球からなる。通常、右半球は左側の感覚と運動をつかさどり、左半球は右側のそれらを扱う。単純に左半球が右の器官、右半球が左の器官をつかさどることが多いが、例外もある。たとえば、視覚では、左半球が扱うのは右眼からの情報ではなく、右眼と左眼における右視野であり、右半球は左視野からの入力を処理する。

このような左右対称性の法則は、言語の中枢である言語野（speech area）の発見で崩されること

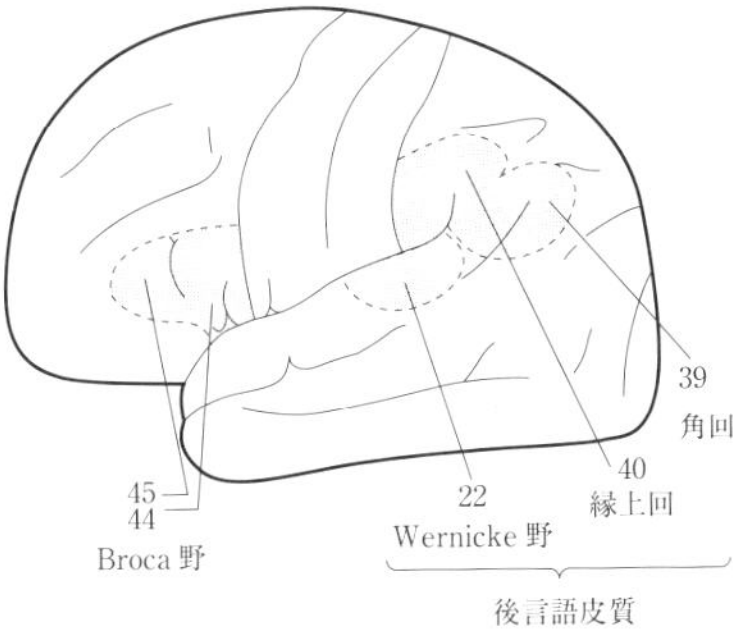

図11-2　大脳左半球における各言語野
〔本郷利憲ほか（編）『標準生理学・第4版』（1996）より〕

になった。言語野は左半球にある人が多いからである（図11-2）。これは右利き、左利きとは関係がない。しかし、一部の左利きの人には、言語野が右半球にあったり、あるいは両半球にまたがっている場合がある。

前頭葉のやや下部で中心溝の前にあるブローカ野（Broca's area：44野・45野）は、運動性の言語中枢である。この部位が損傷を受けると、他者の話や書かれた文字の理解はできるが、発声機能は正常でも、自発的に話すことが減り、話もうまくできなくなる。これを運動性失語症（motor aphasia）とよぶ。一方、側頭葉の上部にあるウェルニッケ野（Wernicke's area：22野）は、感覚性の言語野である。この部位が損傷を受けると、聴覚や視覚は正常なのに、話された言葉と書かれた文字の意味がわからなくなる。これを感覚性失語症（sensory aphasia）とよぶ。感覚性失語症では、自発的にはよく話すが、文法的誤りや、話がくどくなる。

その他、左半球の角回（angular gyrus：39野）*や縁上回（supramarginal gyrus：40野）が損傷されると、字が読めなくなったり（失読）、字が書けなくなったりする（書字不能）。もっとも、これらの部位が「読む」中枢や「書く」中枢というわけではないようで、機能的に分けられない角回、縁上回、ウェルニッケ野をまとめて、後言語皮質（posterior speech cortex）ともいう。

＊　最近の話題では、右半球の角回の電気刺激によって、体外離脱体験（out–of–body experience）が起こるという。

大脳半球の機能的左右差（laterality）については、左半球が言語的能力、分析的能力、論理的能力に優れ、右半球が空間的能力、音楽的能力、直感的思考に優れているということが、しばしば指摘される。特に、右半球を損傷すると、道がわからなくなったり（地誌的障害）、左側のものにぶつかったり（半側空間無視）、人の顔がわからなくなったりする（相貌失認）。

終わりに

脳の構造と機能の詳細については、生理学や解剖学の教科書を参照されたい。近年の神経生理学の発展はスピードが速く、大脳の視覚領野だけですでに三〇以上に細分化されている。しかも、それぞれの領野と心理学的機能との関係も次々と明らかにされつつある。そのため、生理心理学を修めるには、神経生理学の最新の情報にも目を配っている必要がある。

第12章 社会心理学

社会心理学（social psychology）とは、①個人と個人の心的相互作用を研究する分野と、②個人と社会（あるいは集団）の心的相互作用の研究をする分野の総称である。社会心理学は、事例研究よりも実験室実験による研究が圧倒的に多く、ほとんど実験科学である。

対人魅力（二者関係）

人が他者に対して抱く魅力や好意・非好意などの態度を、対人魅力（interpersonal attraction）という。対人魅力は二者関係はもちろん、集団と個人の関係を理解する上でも重要な概念である。

人間の価値は外見ではない、といわれるが、対人魅力では外見は大きな要因である。すなわち、容貌・容姿のよい人の対人魅力が大きい。実験室場面では、被験者がデートの相手として希望する異性は、容貌・容姿がよい人であった。それは被験者自身の容貌・容姿とは関係がなかった。一方、実際のカップルの容貌・容姿は似ているという研究報告がある。これは実際のカップルでは相互に選択し合うからであると考えられている。

類似性（similarity）も対人魅力に影響する。類似性とは、付き合う時間が長くなると、態度が似たもの同士が友達やカップルになる傾向にあることである。[*] これに対して、自分にないものを相手に求めるというのではないかという考え方があり、相補性（complementarity）とよばれる。対人魅力における相補性の影響を支持する研究報告もあるが、類似性で得られるほどの安定した結果は得られないようである。

＊ これに関連して、仲のよい友人のパーソナリティを自分に類似しているように実際よりも過大に評価してしまう傾向を、仮定された類似性（assumed similarity）という。それと似た錯覚として、フォルス・コンセンサス（false consensus）がある。それは、自分の選択した意見や行動が他の人と共通しているとみなす傾向である。

そのほか、対人魅力に影響する物理的な要因が二つある。一つは近接性で、もう一つは単純接触効果である。近接性（propinquity）とは、他者との物理的距離が近いことである。具体的には、近所の住む者同士は仲良くなりやすいことや、学級で机の近い者同士は友達になりやすいことである。単純接触効果（mere exposure effect）とは、見る機会が多いほど、対人魅力が増すことである。近接性には単純接触効果が寄与するが、単純接触効果自体は商業的宣伝の効果などに広く応用されている。たとえば、選挙で当選したければ、遊説を繰り返すとともに、何度もテレビに出て顔を知ってもらうことである。

認知的一貫性理論（三者関係）

ある人がAさんは好きだがBさんは嫌いであるような場合、AさんとBが仲良しであると知ると、落ち着きが悪い。このような不安定性を解消することを目的として、人間は自分の態度・行動・認知構造を変えていこうとする傾向、すなわち一貫性（consistency）への動機づけを持っている。

ハイダー（Heider, F.）の認知的均衡理論（cognitive balance theory）*によると、ある人Pと他者Oの好意・非好意関係は、両者に共通の対象Xとの好意・非好意関係によって、安定したり緊張状態になったりする。たとえば、P–O関係、P–X関係、（Pから見た）O–X関係がすべて好意的である場合、ストレスがなく平和である。このような状態を均衡状態とよぶ。均衡状態になる組合せは、好意・好意・好意（一種類）あるいは好意・非好意・非好意（三種類）の場合である。これに対して、不均衡状態になる組合せは、好意・好意・非好意（三種類）あるいは非好意・非好意・非好意（一種類）である。不均衡の場合は全体の認知的まとまりとしてのユニット関係が緊張するので、OやXに対する態度変化がPに生じるようになると考えた。

＊ バランス理論（balance theory）、あるいはP–O–Xモデル（P–O–X model）とよばれる。

ニューカム（Newcomb, T. M.）のA–B–Xモデルでは、ある人Aの事象Xに対する態度と、別の人BのXに対する態度（ただしこれはAが認知したもの）の相違を問題とした。そこに相違があれば、その相違をなくすために、AはBに働きかけると考えた。A–B–Xモデルは認知的均衡理論と似ているが、認知的均衡理論はある人P個人内の認知の問題であったが、A–B–Xモデルは二者間のコミュニケーションを扱うものである。

フェスティンガー（Festinger, L.）の認知的不協和理論（cognitive dissonance theory）は、相互に関連するいろいろな認知要素（自分、他者、物、信念、意見など）に矛盾や不一致があれば、それは不協和事態であり、そうした不協和事態による緊張を低減するために、協和への態度変化が起こると考えた。認知的不協和理論は、個人内の認知を問題とする点で認知的均衡理論に近いが、より個人内の認知という色合いが強い。認知的不協和理論によって、社会心理学の軸足は、二〇世紀中葉に集団から個人の認知面に移行した。

認知的不協和理論による研究の中では、フェスティンガーとカールスミス（Carlsmith, J. M.）の強制承諾の実験が最も古典的で有名である。強制承諾（forced compliance）の実験は、以下のような手続きで行われた。被験者は実につまらない課題に従事した。課題終了後、待機している次の被験者（サクラ）に「課題はおもしろかった」と（本心を偽って）告げるよう頼まれた。その依頼の報酬は、被験者によっては一ドル、または二〇ドルであった。その後別室で、「実につまらない課題」のおもしろさの評定を被験者にさせたところ、報酬一ドルの被験者のほうが二〇ドルの被験者よりも「おもしろい」と評価する程度が高かった。報酬が高い被験者の認知構造が変わったのなら常識的であるが、結果は逆であった。これは認知的不協和理論で説明される。「実につまらない課題」について他者にウソをついたという不協和の理由づけとして報酬の高さを挙げられるのであれば不協和は低減するが、報酬が低い場合は課題のつまらなさの認知評価を割り引く[*1]という認知構造の変化で対処して不協和を低減させたと考えられるのである[*2]。

＊1　古くから知られる合理化（rationalization）という心理機制を思い起こさせる。合理化とは、たと

えばイソップ物語で、飢えたキツネが高いところにあるおいしそうなブドウをとれなかったところ、「あれはまだ熟れていない」のでとらなくてよいのだと負け惜しみをいうようなことである。なお、精神分析でいう合理化は、葛藤や罪悪感を伴う言動の正当化という意味なので、認知的不協和理論の心理機制とは異なる。

＊2 ベム（Bem, D. J.）の自己知覚理論（self-perception theory）も強制承諾実験の結果を説明できる。自己知覚理論では、一ドルしか報酬をもらわなかったのにウソをついたのだから、自分は実験はおもしろかったと感じていたのに違いないと推論した、と考える。自己知覚理論は、情動体験のジェームズ・ランゲ説（James-Lange theory 怖いから震えるのではなく、震えるから怖いと感じるのだ、という説）に似ている。

認知的均衡理論、A-B-Xモデル、認知的不協和理論などを合わせて、認知的一貫性理論（cognitive consistency theory）と総称する。認知的一貫性理論は認知的斉合性理論と訳される場合もある。

集団はなぜできるか

古典的な考え方は、対人魅力がもともとあって、それが集団凝集性を生み、集団を形成すると考える。集団凝集性（group cohesiveness）とは集団（group）をまとめる求心力のことで、おもに集団の成員間の対人魅力のことを指すのであるから、この古典的な定義で妥当であるようにみえる。ところが、タジフェル（Tajfel, H.）やターナー（Turner, J. C.）らの社会的アイデンティティ理論（social identity theory）は、対人魅力は集団形成に先行して存在していたわけではなく、構成員がその集団に所属したと認知することで生まれるとした。つまり、集団をニワトリ、対人魅力をタマゴとすると、古典的な考え方はタマゴがニワトリよりも先であるが、社会的アイデンティティ理論はニワトリがタマゴより先である。

自分が所属していると認知する集団の構成員への対人魅力は増大する。これは内集団びいき（ingroup favoritism）とよばれる。同時に、自分が所属している内集団の外にある外集団との競争的態度が形成される。内集団びいきは、実験者が被験者に無作為に割り当てた「集団」に対しても起こることが確かめられている。これは社会的アイデンティティ理論を支持する。

ひとたび個人がその集団を内集団と認知すると、その集団の規範や他者の意見・判断を取り入れるようになる。これを同調（conformity）とよぶ。同調は外集団に対しては起こらない。同調の古典的研究としては、シェリフの実験[*1]とアッシュの実験[*2]がある。これらの実験で被験者が同調を示したのも、被験者が自分達は大学の研究の被験者仲間である、すなわちそれは内集団であると認知したことによると考えられる。

＊1　シェリフ（Sherif, M.）の同調の実験では、自動運動が用いられた。自動運動（autokinesis）とは、暗闇に見える光点は、それが静止していても動いて見えるという錯視である。光点が動いて見える量を被験者に評定させたところ、一人一人テストするとその評定値はばらついたが、集団でテストすると、似たような値を答えるようになった。

＊2　アッシュ（Asch, S. E.）の同調の実験は以下の通りである。ある線分の長さと同じ長さの線分を、隣に置いた三本の線分から選ぶという課題を被験者に与えた。課題はやさしく、ほとんど間違えようがないものであった。ところが、わざと間違えるサクラ七人と一緒に実験をしたところ、被験者が間違え

る確率が高くなった。

もし、自分が所属している集団が自分にとって嫌な集団であった場合はどうなるだろうか。その場合は、社会的アイデンティティの心理的シフトがなされる。具体的には、所属する集団の上位集団にアイデンティティをシフトさせる方法（嫌な部課で働いているなら、会社全体に所属感を移す）や、異なる次元のカテゴリーにアイデンティティをシフトさせる方法（勉強が苦手で学級では教師から低い評価しか得られないなら、部活に熱中する）がある。

「三人集まれば文殊の知恵」か？

「三人集まれば文殊の知恵」（"Two heads are better than one"）ということわざがある。辛いこと、困難なことに遭遇したときに、一人よりも複数の人間が集まって話し合ったほうがよい解決策をみいだせるものだ、という意味である。これを社会心理学の設問に置き換えると、「一人よりも集団のほうが生産性が高いといえるだろうか」ということになる。答えの多くは、否である。

ブレーンストーミング（brain storming）という手法がある。これはオズボーン（Osborn, A. F.）が開発・提唱した手法で、企業における新製品の研究開発などで用いられている。具体的には、何か問題解決の必要が生じ、よいアイデアが必要になったとき、集団で各自が自由にアイデアを思いつくままに出し合い、それらを組み合わせるなど試行錯誤を重ねると、一人では実現できなかった独創的なアイデアができあがるというものである。ところが、ブレーンストーミングの社会心理学的研究によると、一人一人で考えたアイデアの総和以上の独創を集団が成し遂げるわけではないことがわかった。

そもそも、集団には社会的手抜き（social loafing）[*1]という現象がある。社会的手抜きとは、個人で作業するときの努力量に比べて、集団で作業するときの努力量が少なくなるという現象である。社会的手抜きの量は集団の大きさに比例する。これを発見者にちなんでリンゲルマン効果（Ringelmann effect）とよぶ。社会的手抜きは、個人の貢献がわからない課題や、魅力のない課題で起きやすい。なお、課題が不慣れなものである場合にも、集団内では努力量が低下することが知られている。これは社会的抑制（social inhibition）とよばれ、社会的手抜きとは別のメカニズムと考えられる。[*2]

＊1　社会的怠惰、社会的怠慢ともいう。

＊2　その逆に、課題がやさしい場合、集団で作業したほうが個人で作業したときよりも努力量が多くなる場合がある。これを社会的促進（social facilitation）とよぶ。単に観察者がいるだけで促進が起こる場合を観察者効果（audience effect）とよび、同一の課題を並行して行う他者のいることで促進が起こる場合の共行動効果（co-action effect）と区別される。その原因としては、他者の存在によって個人の一般動因水準が上昇し、その結果優位な反応の生起確率が高くなるという説が有力である。

時に集団は愚かな決定に従った行動をする。これは集団的浅慮あるいは集団思考（groupthink）とよばれる。ジャニス（Janis, I. L.）の研究によると、キューバ侵攻などのアメリカ政府の外交政策の決定的誤りは集団的浅慮によるものであった。キューバ侵攻のアメリカ政府の誤りとは、一九六一年アメリカが支援したキューバ人亡命者の兵士が共産主義政権を転覆するためにキューバに上陸したが、世界世論を気にしたアメリカ政府が制空権確保のための空軍の投入をためらったところ、「意外にも」たちまちキューバ政府に制圧されてしまったことである。これはリーダー（ケネディ大統領）

の指導力が傑出し、集団の雰囲気が良好であったため、斉一性への圧力（pressure toward uniformity）[*1]が特に強く、自己検閲がかかって、スタッフは自由に反対意見を述べることができなかったというものである。集団的浅慮は集団凝集性が高く、士気も高い健康な集団に起きやすいという。[*2]

＊1　集団圧力（group pressure）ともいう。

＊2　釘原（白樫、外山（編）『社会心理学』第六章＝参考文献）によれば、一九四一年にアメリカとの戦争を始めた日本政府の決定は、集団的浅慮の概念にはあてはまらないという。

また、集団の決定は、一人一人の意見の平均という妥当な線に落ち着くのではなく、極端なものとなる傾向がある。これは集団極化（group polarization）[*]とよばれる。もともと、一人一人の意見が冒険的な傾向がある場合、集団の決定はさらに冒険的なものとなる。これはリスキー・シフト（risky shift）とよばれる。その反対に、一人一人の意見が用心深い傾向にある場合、集団の決定はさらに用心深くなる。これはコーシャス・シフト（cautious shift）とよばれる。リスキー・シフトとコーシャス・シフトを合わせて集団極化とよぶ。

＊　集団分極化ともいう。

群集の心理学

自然発生した人の集まりを群集（crowd）とよぶ。群集の心理の説明としては、没個性化理論が古典的考え方として知られている。ル・ボン（Le Bon, G.）によれば、群集の中では、個性が失われ、知性が低下し、匿名性が増すことで無責任になるとともに、罪悪感がなくなって過激な行動をとるようになると考えられた。

このような無責任・過激が特徴的とみなされる群集行動（crowd behavior）あるいは集合行動（collective behavior）については、社会的アイデンティティ理論が別の見解を示している。それは、偶発的にできた群集も通常の集団としての機能を持っており、社会的アイデンティティを共有すると考えるものである。この考え方に従えば、政情不安時に起こる群集による略奪も、参加者は略奪集団としてのアイデンティティを一時的に共有しているのであって、個性が失われたとか知性が低下したといったレベルの話ではないことになる。

その他

自尊心、自己意識、自己開示、援助行動、攻撃行動、役割行動、リーダーシップなどの研究も社会心理学の領域である。最近の社会心理学は認知心理学との連携を深め、以前にも増して、さらに広大な学問分野となっている。

第13章 発達心理学

発達心理学（developmental psychology）とは、こころの構造と機能の発達を研究する学問である。発達（development）という用語には、この変化は単なる学習（learning）によるものではなく、時系列的にプログラムされた何らかの生得的で不可逆的な変化、という意味が含まれている。* しかし、発達心理学では、こころの発達の遺伝的あるいは成熟的要因単独よりも、それらが環境的要因と織り成す相互作用に注目する。

* ゲゼル（Gesell, A. L.）は、双生児統制法（co–twin control）を用いた実験的研究から、発達における成熟優位説を説いた。

発達心理学は児童心理学として出発し、青年心理学を開拓・確立するとともに、近年では老年心理学（psychology of aging）にまで発展してきている。この品揃えでは成人心理学が抜けているものの、一生を通じて人は発達していくものであるという考え方から、最近では生涯発達心理学（life–span developmental psychology）とよばれることが多い。生涯発達心理学では、「知恵」や「熟達」といった概念がキーワードとなる。

こころの発達は一様に起こるのではなく、質的に異なる段階を区別できる。諸説あるもの、おおむね、乳児期（〇～二歳）・幼児期（二～七歳）・児童期（七～一二歳）・青年期（一二～一九歳）・成人期（二〇歳以上）に区別する。中年期を設定する場合は四〇歳代から六五歳くらいまでとして、それ以上を老年期とする。

児童心理学

児童心理学（child psychology）の研究範囲は、乳児期・幼児期・児童期である。胎児期の研究知見はまだ多くないが（出生前心理学：prenatal psychology）、子宮内の胎児は聴覚刺激などに反応し、自分の母親の声を知っていることがわかっている。人間は決してタブラ・ラーサ*で生まれてくるのではない。

＊　イギリス経験論を代表する哲学者ロック（第1章）は、生まれたときの人間のこころは何も書かれていない白い板（tabula rāsa）のようなものだ、と考えた。

出生後四週間以内を新生児期（neonatal period）とよぶ。昔の心理学の教科書には「新生児は目がよく見えない」という意味のことが書かれていたがそのようなことはなく、適切な刺激を用いて調べると、複雑な刺激や顔刺激をよく注視する（選好する）ことがわかっている。大人の表情の変化に反応して、同じ動作をする（大人が舌を出すと新生児も舌を出す）共鳴動作（co-action）という現象も知られている。

乳児期（infancy）には、ものを操作しようとする行動が活発に見られるようになるとともに、言語が急速に発達する。最初は「ば、ば、ば」「ま、ま、ま」といった同一の音韻の繰り返し（喃語：babbling）であるが、一歳前後から「ママ」「ブーブー」といった意味のある一語文（one word sentence）を発声するようになる。「パパ、いた」のような二語文を話すようになるのは一歳後半からとされるが、個人差も非常に大きい。

社会心理学の研究で、サクラが空を見上げると通りがかった人も空を見る確率が高くなる、という野外実験があるが、このような他者の視線の先のものを注視するという行動は乳児期から見られる。養育者が見たものに乳児も視線を向け、養育者が注意を払うものに乳児も興味を持つ。このような、乳児・養育者・ものの関係は三項関係とよばれ、三項関係を維持する行動の一つである指差し（pointing）のときには対象の名前をよぶことが非常に多いので、乳児の言語獲得の基礎であると考えられている。

幼児期（early childhood）になると、歩行などの基礎的運動技能の確立と、食事・排泄などの基本的生活習慣の自律が図られる。このころには、言語によるコミュニケーションが十分とれるようになる。子供同士の関係が発達するのもこの時期である。自我が発達し、自分の意思で行動しようとするため、養育者の指示に抵抗することがよく見られる。この時期を、（第一次）反抗期（negativistic age）とよぶことがある。

幼児期には遊びが発達するが、パーテン（Parten, M.）によると、対人関係という視点からは、他の子供と無関係に自分だけの遊びをする一人遊び、他の子供と同じような遊びをするがお互いに交渉はしない平行遊び、他の子供と一緒に一つの遊びをするが役割分担はない連合遊び、役割分担のある共同遊び、の順に現れるという。遊びは子供の自主的な活動であるが、知識や技能の習得および社会性の学習に重要な役割を果たすと考えられる。

児童期（childhood）においては、学校教育を通じて、知識や技能が体系的に獲得されるとともに、社会性が涵養される。この時期には、仲間関係の結束力が増大し、学級集団以外の非公式の集団が形成されることもある。以前は、このような非公式集団がしばしば反社会的行動に向かったことから、ギャングエイジ（gang age）とよばれたが、近年は習い事や塾通いのためか、児童のギャング集団を見かけることは少ない。

ピアジェの理論

児童期の発達段階理論としては、ピアジェ（Piaget, J.）の学説が最も有名である。それまで、成熟か環境かという視点で論じられていた発達研究に対して、ピアジェは子供が持つ自然に成熟する能力と、子供が環境に対して働きかけたり影響されたりする相互作用の両方を重視した。子供は「世界はどのようなもので、どのように作用するか」という理論を持っている。それをスキーマ（schema）*とよぶ。新しい事象に出会うと、既存のスキーマに照らして理解しようとし、同化（assimilation）しようとする。同化がうまくいかないときは、スキーマを変更する。これを調節（accommodation）という。すなわち、ピアジェは、発達とはスキーマの同化と調節によって均衡のとれた認知状態が作り出される過程であると考えた。

＊　フランス語の発音風に「シェマ」とよぶことも多い。

ピアジェの区別した認知発達段階によると、乳児期は感覚運動期、幼児期は前操作期、児童期は具体的操作期、青年期とそれ以降は形式的操作期である。感覚運動期（sensorimotor period）は、自らの活動とその結果の関係を発見することに忙しい時期である。対象物は視界から見えなくなっても存在し続けるという認識、すなわち対象の永続性（object permanence）が発達し始めるのは、生後八か月くらいからという。

前操作期（preoperational period）では、象徴的な用語で思考をすることが可能になるが、論理的な体制化が未完成である。ピアジェは、情報の弁別、統合、変形を論理的に行う過程を、操作（operation）とよぶ。前操作期の子供では操作は未完成であり、特に保存の概念が確立されていない。保存（conservation）とは、ものの量や数はその形や並び方が変わっても同じままである、という理解のことである。

具体的操作期（period of concrete operations）になると、保存概念が獲得され、論理的操作が実行できるようになる。ただし、思考で用いられる概念は、具体性のあるものに結びついたものに制約される。一方、形式的操作期（period of formal operations）では、純粋に形式的な概念で推論をすることができるようになる。

ピアジェ理論への近年の評価としては、どうやらピアジェは子供の能力を過小評価していたようだ、という認識が定着しつつある。たとえば、三か月半や四か月半の乳児にも対象の永続性が見られるという報告が後になされた。

青年心理学

青年心理学（adolescence psychology）は、日本でいえば、だいたい中学生と高校生の心理学である。いわゆる思春期から成人前までの時期である。普通の日本語でいう青年は二〇歳代の男性のことであるが、発達心理学ではそれは成人に分類される。もっとも、大学生の場合は、二〇歳過ぎでも青年扱いすることがある。

青年期には、第二次性徴[*1]などの身体的変化が著しい。それとともに、対人関係に大きな変化が訪れる。まず、友人が重要になってくる。友人は児童期の単なる遊び友達というだけでなく、「こころの支え」としての特性を帯びてくる。また、児童期には男女別々の集団をつくっていることが多かったのに対し、青年期には異性への関心が高まり[*2]、異性の友人ができるようになる。

＊1　生まれつき持っている性器の男女差が第一次性徴で、性成熟の男女差が第二次性徴である。
＊2　私見であるが、幼稚園児や小学生も、異性関係に高い関心があるようにみえる。

親子関係も変化する。児童期には親の権威に服従していることが多いが、青年期になると、親はこうであるべきだという理想像を持つようになる。その理想像と現実像のギャップによって、親への不満や不信が現れ、親や教師や周囲の大人の権威に対して拒否的・反抗的態度を示すことがある。この時期を、第二次反抗期とよぶことがある。もっとも、反抗というよりは、心理的離乳（psychological weaning）あるいは自立という見方が適切である。

青年期は「第二の誕生」といわれる。自分は何者であるのか、何をするべきなのか、ということを自問する時期とされる。要するに、「自分探し」をする発達段階である。この発達段階の諸知見を説明する考え方としてよく引用されるのが、エリクソン（Erikson, E. H.）の自我同一性対同一性拡散という概念である。

自我同一性（ego identity）[*1]とは、自分は何者で、何をすべきかという問いに、肯定的・確信的に解答できる状態である。青年期の発達課題[*2]は自我同一性の確立であり、これに失敗した状態が同一性拡散（identity diffusion）である。同一性拡散とは、自分とは一体何であるのかわからなくなり、混乱している状態である。

＊1　単に「アイデンティティ」とよぶことが多い。

＊2　エリクソンは青年期だけを研究したのではなく、発達段階を乳児期・幼児前期・幼児後期・学童期・青年期・成人前期・成人期・老年期の八つに分けた上で、各発達段階において乗り越えられるべき課題があると考えた。たとえば、学童期では「勤勉性」対「劣等感」であり、老年期では「統合性」対「絶望」である。

エリクソンによれば、青年はこの課題を克服するために、さまざまな社会的責任や義務が免除されていると考え、これをモラトリアム（moratorium）と名づけた。モラトリアムは、もともと債務の支払い猶予という意味の経済学の用語である。エリクソンによれば、モラトリアム期間のうちに自我同一性を獲得して成人することが、青年に与えられた課題である。

一方、小此木啓吾はエリクソンのモラトリアム概念を古典的モラトリアムとよび、代わって、現代的モラトリアムという概念を提唱した。現代の青年は全能感を持ち、自立への渇望がなく、無意欲でしらけている、という批判である。日本では、単にモラトリアムというと、小此木の現代的モラトリアムを指すことが多い。

中・高年の心理学

四〇歳を過ぎると、さまざまな身体的老化が進行する。しかしながら、知能は必ずしも低下しないというのが最近の定説である。* 特に、知能を結晶性知能（知識を運用する能力で、言語性検査で測定するもの）と流動性知能（動作性検査で測定するもの）に分けて考えると、結晶性知能は高齢まで保たれることがわかっている。

＊ なぜ従来は年齢とともに知能は低下すると考えられていたかというと、研究法が横断法（cross-sectional method）であったことによる。横断法とは、同時に全世代を比較する方法である。横断法では、過去の教育水準などが違った世代間の差が混入するのである。一方、同じ世代（コーホート cohort とよぶ）を追いかける方法を縦断法（longitudinal method）という。

中年期以降に作業記憶が衰退するという説があるものの、中・高年の記憶能力全体は必ずしも低下するわけではないようである。性格が頑固になるとか、達観して枯れるということもないようである。性欲がなくなるということもないようである。ただ運動能力が低下していくだけのようである。高齢になると必ずぼけるということもないようである。認知症（痴呆）を引き起こすアルツハイマー病や脳血管障害などに罹患する確率が高くなるので、そのように誤解されるだけである。

中・高年に訪れる心理的危機としては、子供が巣立つことによる喪失感、昇進・転職・解雇・退職、慢性の病気にかかること、配偶者の死去などがある。これらをライフイベント（life event）とよぶが、ライフイベントの受け止め方には個人差が大きい。強いストレスを受けたり、抑うつ状態になる場合も少なくない。その反面、たとえば子供の巣立ちは自分の時間をゆっくり過ごすチャンスであったりもする。

成人の心理学

このようにみてくると、成人の心理学、特に二〇歳代と三〇歳代の研究が、発達心理学からすっぽり抜け落ちていることがわかる。駆け出しの社会人と働き盛りという興味深い対象を無視したままでよいはずがない。今後の進展を待ちたい。

第14章 教育心理学

教育心理学（educational psychology）とは、心理学の知識を学校教育に応用することを目的とした学問である。近年、そのような実践的側面以外にも、「人間形成とは何か」ということを問う基礎研究的側面も重視されるようになってきている。

知性

学校教育の目的は、生徒の「知」・「情」・「意」を健全に育てることである。これらの三つの教育目的のバランスをとるのは難しい。二〇〇五年一月現在の日本では、「知」の詰め込みの軽減を図ったゆとり教育が批判されて、再び「知」の重視に軸足が移りそうな情勢である。

「知」とは知性（intellect）のことであるが、その定義は難しい。知性とは、知覚・記憶・推理・判断などの知的働きを総合した概念である。そのため、知性は知識の量に比例することになる。ということは、学校ではできるだけ多くの知識を生徒に与えることが望ましい。しかし、生徒の学習能力は生徒の情緒・意欲・環境などに大いに左右されるので、生徒の発達水準の把握や教授法の適性化に常に注意を払っていなければならない。

生徒の発達水準を知る目的で、直接測定できない知性ではなく、知能（intelligence）の測定が行われることがある。[*1] 初期の知能研究においては、知能は遺伝的特性であるという仮説のもとに研究が進められた。[*2] しかし、近年の研究においては、知能指数は短期間の測定では相関が高いが（知能の恒常性）、長期間の測定では相関が低下していくことが知られている。知能は遺伝するかしないか、という問いに正面から答えるのは難しいが、知能において学習性の要因が占める部分が大きいことは確かである。

＊1　知能も知能検査によって測定されたものにすぎない、という批判がある。

＊2　ゴールトン（Galton, F., 1822–1911）は、統計学的手法による研究や天才の家系の研究から、知能は親から子へと遺伝すると考え、その知見を社会改良に生かすために優生学（eugenics）を提唱した。優生学は、一九世紀後半から二〇世紀にかけて、全世界で大きな動きとなり、これが事実上「劣廃学」となって、遺伝的に「劣った」人や特定の病気の患者への強制的な施設隔離・不妊手術・中絶などの人権侵害あるいは犯罪行為が行われた。

知能の測定には知能検査が用いられる。知能検査には大きく分けて二種類あり、ビネー式知能検査（Binet test）とウェクスラー式知能検査（Wechsler's diagnostic intelligence test）である。ビネー式知能検査の特徴は、児童を対象とし、その精神年齢（MA：mental age）や知能指数（IQ：intelligence quotient）を算出することである。ビネー式では、知能とは児童のすべての知的活動に共通した一般因子であるという見方をとる。一方、ウェクスラー式知能検査の特徴は、成人も対象とするとともに、知能指数を分析的に言語性ＩＱと動作性ＩＱに分け、それぞれ下位の検査のプロフィール表示を行うことである。ビネー式には、スタンフォード・ビネー式知能検査、鈴木・ビネー式知能検査、田中・ビネー式知能検査などがある。一方、ウェクスラー式には、成人用（ＷＡＩＳ：Wechsler Adult Intelligence Scale 改訂版はＷＡＩＳ-Ｒ）、児童用（ＷＩＳＣ：Wechsler Intelligence Scale for Children 改訂版はＷＩＳＣ-Ｒ）、幼児用（ＷＰＰＳＩ：Wechsler Preschool and Primary Scale of Intelligence）がある。

学習への動機づけ

人間には知識を得たい、情報を得たいという欲求を持っている。それは、たとえば食べ物を得るための手段としての欲求、すなわち学習された二次的欲求の場合もあるかもしれないが、知識獲得への欲求や探索欲求は、生得的な一次的欲求として備わっている。そのため、もともと生徒は学習をしたいという欲求を持っているのであるから、適切な教材さえ与えれば、自発的に学習して自らを高めていくことが期待できる。しかし、学習を生徒の自発的興味のおもむくままに任せていたのでは、所属する社会で生きていく上で必要な知識の習得が不足する可能性が大きい。そのため、必要な知識を生徒に効率よく学習させるためには、どのようにして生徒を動機づければよいかを明らかにする必要がある。

まずは、一次的欲求である知識獲得への欲求、すなわち知的好奇心（epistemic curiosity）をコントロールすることである。知的好奇心には二種類あり、拡散的好奇心と特殊的好奇心である。拡散的好奇心とは、自分が知らないことや珍しいことに興味を持つことである。特殊的好奇心とは、ある程度知っていることをさらに深く知りたいという欲求である。これらの好奇心を高めるためには、よい教材の選定や図書館などの情報施設の整備が欠かせない。

生徒の知的好奇心を利用した授業としては、発見学習（discovery learning）がある。発見学習とは、「○○は××である」という形式の宣言的知識を直接教授するのではなく、適切な教材の助けを借りて、目標の知識を生徒に自ら発見させる教授法である。発見学習では、生徒の先入観や期待に添わない事例を提示して、驚きと認知的葛藤（cognitive conflict）を起こさせる方法がとられる。認知的葛藤は知的好奇心を誘導すると考えられるからである。

知的好奇心のような一次的欲求による動機づけは、「内発的動機づけ（intrinsic motivation）」とよばれる。学校教育場面において、知的好奇心以外にしばしばクローズアップされる内発的動機づけとしては、コンピテンス（competence）あるいは自己決定（self-determination）への欲求がある。コンピテンス（有能さを感じること）とは、自分の行動が自己決定的であることを求めることであり、それが自己決定的であったことの認知が報酬となることである。親に「勉強しなさい」と指示されるとやる気がなくなる、というのは、コンピテンス低減のまずい例である。生徒にはコンピテンスを起こせるフィードバックを与えることが必要である。

その反対に、自発的に勉強している生徒に小遣いの増額などの外的報酬を与えると、自発的に勉強する量が減少する可能性がある。これは、過正当化（overjustification effect）とよばれる現象で、外的強化や外的報酬は内発的動機づけに抑制的に作用する。このことは、学習行動が内発的動機づけによるものか外発的動機づけによるものかの生徒の認知が、コンピテンスの欲求の充足と関係して、学習に影響を及ぼすことを意味している。この考え方は、ディシ（Deci, E. L.）の認知的評価理論（cognitive evaluation theory）という。

一方、知的好奇心による学習という観点からは、その結果すなわち学力の到達度は必ずしも問題ではないのであるが、現実には学校教育においては到達度の評価が行われ、生徒の学習意欲に大きな影響を与えている。すなわち、生徒は結果の予測を行い、その予測が学習の動機づけに影響を与えるのである。

学習の結果を成功か失敗かという単純な二分法で考えた場合、たとえば失敗の原因としては①能力が低かった、②あまり努力をしなかった、③課題が難しかった、④運が悪かった、という四種類の要因が考えられる。[*1] 原因（cause）は複数個の要因（factor）の中から一つを選ばなければならないと仮定すると、[*2] どれを選ぶかで学習の動機づけが変わってくる。学習の失敗の原因を①能力、③課題の困難さ、④運に求めると、それは自分にはどうしようもない原因であるから、学習の動機づけが低下する。唯一②努力要因に原因を帰したときだけ、学習の動機づけが高まることになる。

＊1　①能力と②努力は個人内要因で、③課題の困難度と④運は外的要因である。個人内要因と外的要因のどちらに原因を帰属させやすいか、という次元は「統制の位置（locus of control）」あるいは「原因の所在（locus of causality）」とよばれる。一方、①能力と③課題の困難度は安定した要因であり、②努力と④運は不安定な要因であるので、この次元は「安定性（stability）」とよばれる。この二次元以外に、ワイナー（Weiner, B.）は統制可能性という次元も検討した。

＊2　人間の行動にかかわる事象の原因は何であるかの因果的解釈を行うことを、社会心理学では帰属（attribution）あるいは原因帰属とよび、それを説明するモデルは帰属理論（attribution theory）とよば

れる。そのほか、他者の行動からそのパーソナリティや態度を推定することは、特性帰属とよばれる。

つまり、教育者には、生徒が努力帰属をするよう誘導することが求められる。とはいうものの、無気力な生徒に「努力しろ」というだけだと、生徒のコンピテンスを下げ、さらに無気力状態が増進する悪循環に陥る。逆に、学習成績のよい生徒には能力帰属をする者が多く見られ、ドウェック(Dweck, C. S.)によれば、彼らは知能や能力はよい方向に変えられるものであるという拡張的知能観を持っている。このような生徒の学習目標はよい点をとること(パフォーマンス目標)ではなく能力を高めること(ラーニング目標)なので、失敗をしても習得志向が続くと考えられる。この観点からは、教育者には、生徒が拡張的な知能観とラーニング目標を持てるよう誘導することが求められる。

学習性無力感

生徒の中には、勉学の意欲のわかない無気力な者が少なくない。この無気力という現象に関して、しばしば学習性無力感(learned helplessness)という現象が検討される。

学習性無力感は、イヌを用いた回避行動の実験室研究において発見された。動物は、通常電気ショックなどの罰を受けると、その場所から逃げ出す。これを逃避行動とよぶ(第10章)。この場合、電気ショックの前に電灯がつくなどの手がかりを与えると、手がかりだけで逃げる行動が起こる。これを回避行動という。ところが、拘束されて逃げることのできない状況で罰を受け続けると、逃げられる状況になっても逃げ出さなくなる。つまり、逃げられるのに、じっと罰に耐え続けるという状態となる。これをセリグマン(Seligman, M. E. P.)は学習性無力感とよんだ。すなわち、統制不可能な事態を経験すると、何もしなくなるのである。

教育心理学においては、生徒の無力感は、どのように勉強しても求められる成績が得られないことを学習した結果、学習性無力感に陥ったものではないか、と考える。学習理論の用語でいえば、行動と結果が随伴しないこと、すなわち事態の統制不可能性を生徒が学習したと考えるのである。

これに関連して、生徒が算数嫌いなどに陥るのは、自己効力の不足によるという考え方がある。バンデューラ（Bandura, A.）によれば、自己効力（self efficacy）とは、ある目的のために遂行する行動がうまく実行できるのに違いないという効力期待（efficacy expectation）を認知したものである。要するに、自己効力は「やれそうだ」という自信である。一方、その行動さえ実行できれば目的を達成するであろうという見通しは、結果期待（outcome expectation）とよばれる。この考え方では、結果期待がどうであれ、自己効力が低ければ、行動が出現しないことになる。自己効力を高めるためには、より簡単なものを実際にやらせて成功させたり、自分と同程度の他者が成功することを観察させたりすることが、有効である。

教授法

おもに経済的理由から、学校では大人数の集団一斉授業が行われることが多い。しかし、授業を行うにあたっては、教師一人あたりの生徒の人数は少ないほうがよいと考えられる。なぜなら、さまざまな適性を持つ生徒一人一人に合った教授法は異なるからである。このような関係を「適性処遇交互作用（ATI：aptitude-treatment interaction）」という。

個別の教授法としては、学習理論を応用したスキナー（Skinner, B. F.）のプログラム学習（programed learning）がある。プログラム学習では、まず学習課題を明確にし、細かい下位課題に分割する（スモールステップの原理）。この比較的やさしい下位課題に生徒は自発的に取り込み（積極的反応の原理）、正答か誤答かは即座に教えられる（即時確認の原理）。こうして小さな下位課題を順次生徒の自己ペースで達成していくことで（学習者自己ペースの原理）、学習課題全体の達成に向っていく。ドリル（drill）は、プログラム学習である。プログラム学習は、コンピュータ支援の教授・学習システム（CAI：computer-assisted instruction system）との相性がよい。

そのほか、仮説実験授業、教えることによって学ぶシステム、応答する学習環境室を用意したシステムなどが実践あるいは研究されている。

学校心理学

学校心理学（school psychology）とは、生徒の学習面と適応面に焦点を当て、学校教育場面において、心理学的な援助を行うための学問体系である。学校教育の場面で不適応を起こしやすい子供の障害として、学習障害、注意欠陥・多動障害、自閉症などが知られている。

学習障害（LD：learning disabilities）とは、一般知能に大きな障害がないと思われるのに、認知障害や行動障害を示すことである。特に学習面では、読字、書字、算数などの習得に困難を示す。注意欠陥・多動障害（ADHD：attention-deficit / hyperactivity disorder）とは、一般知能は比較的平均レベルにあるのに、集中ができず、気が散りやすく、衝動性が高く、じっとしていなければならい状況でも過度に落ち着きがないことを示す。この行動面の改善には、行動療法（第2章）が有効である。両障害とも原因は不明である。

一方、自閉症（autism）は、言語発達の遅れ、他者との感情的交流の障害、特定の行動様式や興味に固執する傾向などを症状とした発達障害である。以前には、自閉症の原因として、乳幼児期の母子関係に何らかの問題があったのではないか、と考えられたこともあったが、現在では否定されている。精神遅滞（mental retardation）との違いは、精神遅滞児では心的能力が全般的に発達遅滞を起こすのに対し、自閉症児では心的能力の発達はアンバランスに起こる。ＤＳＭ–Ⅳでは、広汎性発達障害（pervasive developmental disorders）の項目が自閉症を含んでいる。

自閉症の一種あるいは類似の障害として、アスペルガー症候群（Asperger syndrome）がある。アスペルガー症候群は自閉症と同じ診断基準で診断されるが、認知的・言語的発達遅滞がないものを指す。高機能自閉症（hyper-functional autism）ともいう。なお、アスペルガー型ではない自閉症、すなわち知的障害のあるタイプをカナー型（Kanner type）とよぶ。アスペルガー障害を持つ人は外見は健常者なので、周囲の理解が得られないと、人間関係で不適応を起こしやすい*。

＊　自閉症のこころの障害の説明として、心の理論の欠如の可能性が指摘される。心の理論（theory of mind）とは、他者には自分と同じようにこころがあって、他者の行動はそのこころの発現として起こっていると推測することのできる認知能力のことである。健常な児童は三歳頃から他者には自分同様こころがあることを自然に理解するようになる。心の理論を自閉症児が欠いているのではないかと推測される最大の根拠は、自閉症児は他者に対してもののように接したり、その場の雰囲気を考えない発言をしたりするからである。もっとも、自閉症児は他者を利己的に道具扱いするとか、他者を傷つけても平

気であるというわけではない。むしろ、他者のこころの動きが予想できないという障害である。目上、目下といった上下関係の認知を特に苦手とするという。

いじめと不登校

学校、特に小学校では、いじめと不登校が深刻な問題である。なぜなら、知識を習得する場であるはずの学校が機能しなくなるからである。

いじめ（bullying）とは、ある特定の生徒が、別の特定の生徒あるいは不特定多数の生徒から、不当な攻撃や差別を受けることである。そのメカニズムは未解明ながら、いじめは学校で自然発生する。いじめられた生徒は最悪の場合うつ病となり、自殺をする可能性が高まるので、早期に介入が必要である。

いじめる側もいじめられた経験を持つことが多いという研究報告があり、いじめは模倣学習的要素が強いと考えられる。これを観察学習（第10章）に切り替えて、いじめ行為を抑止するためには、いじめ行為が発生したらすぐに罰しなければならない。なぜなら、オペラント学習においては、強化でも罰でも、反応直後に時間をおかずに与えないと、その効果は急速に低減していくことが多いからである。しかし、いじめとふざけを識別することは容易でない。

いじめられる側の誘因は、他者から見て何か弱い部分があるということであるが、多くの場合、それは本人には対処できないものである。一方、いじめる側の動機づけとしては、いじめは攻撃行動であるから、攻撃の動機づけがあることになる。たとえば、友達に殴られたので殴り返したというのであれば、報復欲求を満足するための合目的的行動である。ところが、いじめにはそのような合目的性がないように見える。いじめの動機づけとしては、ニワトリのつっつき行動のように劣位個体を攻撃することで自尊心を高めるためといった考え方や、「むしゃくしゃ」と表現される情動状態*を原因と想定することなどが考えられる。また、特定の人が執拗に攻撃される点と、攻撃する側に悪いことをしているという自覚がない点で、いじめは虐待（abuse）やストーキング（stoking：ストーカー行為・つきまとうことによる迷惑行為）に似ている。

＊ むしゃくしゃ感は「むしゃくしゃして放火した」などと犯罪の動機として語られることが多いが、これを説明できそうな理論として、フラストレーション攻撃仮説（frustration-aggression hypothesis）がある。この仮説では、人間は欲求不満が高まると、対象を問わず攻撃をするよう動機づけられると考える。

不登校（non school attendance）とは、経済的・環境的に登校が可能であるのに、長期にわたって生徒が登校しない状態を指す。原因としては、無気力によるもの（何もやる気がしない）、神経症的なものによるもの（学校が怖い）、非行によるもの（親の気を引きたい・親を困らせるのが楽しい）がある。それぞれ対処方法が異なる。特に、神経症的要因による登校拒否に対しては、行動療法などの心理療法が行われる。どのタイプの不登校でも、不登校の生徒の家族を含めて、カウンセリングなどの心理学的援助が必要であることが多い。

第15章 その他の心理学

心理学の領域は海のように広い。適当に「○○心理学」と名称をつければ、実際にその領域が存在することが多い。

たとえば、政治心理学（political psychology）や経済心理学（economic psychology）といった領域は存在する。しかも、それらはマイナーな領域ではない。後者に関していうと、二〇〇二年のノーベル経済学賞の受賞者の一人はプリンストン大学の心理学者・カーネマン（Kahneman, D.）であった。彼の専門は認知心理学・行動経済学である。

心理学は経済学と同様に数学を使うので、数理心理学（mathematical psychology）や計量心理学（psychometrics）が整備されている。物理心理学や化学心理学というものは聞いたことがないが、心理物理学（psychophysics）ならある（第7章）。心理化学はありそうだがない。心理物理学は感覚心理学と同義に近いが、対象に応じて視覚心理学・聴覚心理学・触覚心理学などに分けられる。聴覚といえば、音楽心理学（psychology of music）もあれば言語心理学（psychology of language）もある。

なお、言語心理学というよりは心理言語学（psycholinguistics）と呼ぶ方が普通である。思考心理学（psychology of thinking）もある。

さらに、体育心理学（psychology of physical education）や健康心理学（health psychology）もあれば、異常心理学（abnormal psychology）もある。異常心理学は、二〇世紀初頭の日本では変態心理学とよばれていた。ただし、変態心理学は超心理学（第4章）も含んでいた。神経心理学（neuropsychology）は、名称は生理心理学に似ているが、脳損傷による高次機能の障害を研究する学問である。

経験主義への歴史的反動か、近年、文化的拘束条件を重視した文化心理学（cultural psychology）や、進化的拘束条件を重視した進化心理学（evolutionary psychology）が注目を浴びつつある。進化心理学とは、人間のこころには遺伝的に規定された構造があると考え、それは進化における産物であるという見方に立脚することで、こころの働きを研究する学問である。

交通心理学（traffic psychology）、産業心理学（industrial psychology）、職業心理学（vocational psychology）といった応用心理学も忘れてはならない。なお、職業心理学は個人の適性を重視する点で、組織やマネジメントを重視する産業心理学とは異なる。さすがにビジネス心理学（psychology of business）はあるまいと思ったら、日本国外では結構盛んなようである。さらに、航空心理学（aviation psychology）や宇宙航空心理学（psychology of aerospace）もある。

ところで、意識心理学（consciousness psychology）は、狭義にはヴントやティチェナーの心理学すなわち構成的心理学（structural psychology）あるいは内容心理学（content psychology）を指す。この構成主義は、意識を要素に分解して、再構成すれば意識が理解できる、という考え方である。これに対立した立場は、機能心理学（functional psychology）や作用心理学（act psychology）とよばれる。機能主義では、意識は適応の手段と考えた。そのほか、トポロジー心理学（位相幾何学的心理学）（topological psychology）はレヴィン（Lewin, K.）の生活空間の考え方を指すなど、歴史的な名称となったものも多い。

本章では、犯罪心理学と芸術心理学を概説して、本書の締めくくりとする。

犯罪心理学

犯罪心理学（criminal psychology）とは、①犯罪者の心理を分析すること、②裁判における目撃証言の信憑性などを研究すること、③犯罪者の更生のための心理技法の研究、という三本柱から成っている。少年の非行と矯正に関する研究と実践も含まれる。要するに、犯罪加害者（犯罪者）と捜査・裁判にかかわる心理学である。

一方、犯罪被害者およびその家族における応報感情の研究や、心的後遺症の研究は、あまり取り組まれてこなかった。被害者学（victimology）という学問分野があるが、これはもともとは、犯罪における被害者側の誘因を調べる研究であった。近年、被害者の心理が不当に無視されていることがクローズアップされ、被害者およびその家族の救済・援助・治療にも力点が置かれるようになってきている。

犯罪者となるのは、一体どのような人であろうか。近世に至るまで、人間は常に理性的行動をとるものと考えられたので、犯罪者は理性に欠陥があると考えられた。一九世紀には進化論が提唱され、犯罪者に理性がないのは遺伝的欠陥であるという説明が加えられた。ロンブローゾ（Lombroso, C.）は、犯罪者とは生まれつき原始野蛮な進化段階（類人猿といいたかったようだ）に先祖返りしたものと考え、「生来的犯罪人」であるとした。続いて、ゴッダード（Goddard, H. H.）は、収監されている犯罪者に適用した知能テストの結果、犯罪者は知能が低いと報告した。現在ではいずれも否定されている。また、以前は精神病質と呼ばれたパーソナリティ障害（第2章）、特に反社会的パーソナリティ障害*と犯罪との関係も示唆されているが、パーソナリティ障害があれば必ず犯罪を行うわけではないし、犯罪者の多くがパーソナリティ障害者というわけでもない。

* ＤＳＭ-Ⅳによれば、反社会的パーソナリティ障害（antisocial personality disorder）とは、他人の権利を無視し、侵害する行動で注目される障害である。触法を繰り返すことが多く、自分の利益のために人をだますなど、良心の呵責が欠如していることが多い。一貫して無責任なので、仕事が長続きしない。衝動性が強くて、将来の計画が立てられない。怒りやすく、身体的な喧嘩や暴力を繰り返す。ただし、この障害と診断されるのは、一八歳以上とする。

犯罪の捜査においては、心理学的手法が活用されることも多い。一つは「犯罪者プロファイリング」である。プロファイリング（profiling）とは、まだ犯人が逮捕されていない事件を解決するために、同じカテゴリーの犯罪を行った犯罪者が平均的にはどういう行動をとったかということを解析して、次の犯罪の予測をする技法である。具体的には、犯行の発生範囲やそれと犯人の住居との関係を解析・予測する地理的プロファイリングがある。

ポリグラフ検査すなわち「うそ発見器」を活用することも心理職の仕事である。しばしば誤解されていることであるが、ポリグラフ検査は、「あなたは財布を盗みましたか」という質問をされて、「はい」か「いいえ」で答える、という形式ではない。たとえば、「財布には、二〇〇〇円札が入っていましたか、○○デパート商品券が入っていましたか、××クレジットカードが入っていましたか、……」と検査官は尋ねるだけである。仮に、○○デパート商品券が犯人しか知り得ない情報だとすると、犯人だけはその質問（裁決質問という）に「いいえ」と答えても「はい」と答えても、違った反応を示してしまうのである。

逮捕、補導された犯罪者や非行少年は司法によって処遇が決定される。刑罰が科せられる場合、刑罰の心理面での目的は、①被害者および社会の応報感情を満たすこと、②別の人が同種の犯罪を実行しようと思わないように威嚇すること、③釈放後のその犯罪者の犯罪行動を抑止すること、と考えられる。特に③は、刑務所や少年院に勤務する心理職員に課せられた仕事である。それは犯罪者や非行少年の教育である。なぜそれが必要かというと、刑罰という罰を受けただけでは、犯罪行動のオペラント水準が必ずしも下がらない（再犯しやすい）からである。犯罪者や非行少年の教育には、臨床心理学的アプローチなどが試みられる。ただし、刑務所の受刑者が教育プログラムに参加するかどうかは受刑者の自由であり、今のところ法的な強制力はない。

芸術心理学

芸術心理学（psychology of art）とは、芸術作品の創造、鑑賞、評価など、芸術にかかわるすべての心的活動を対象とした学問である。造形心理学ともいう。芸術心理学の範囲は当然のことながら広

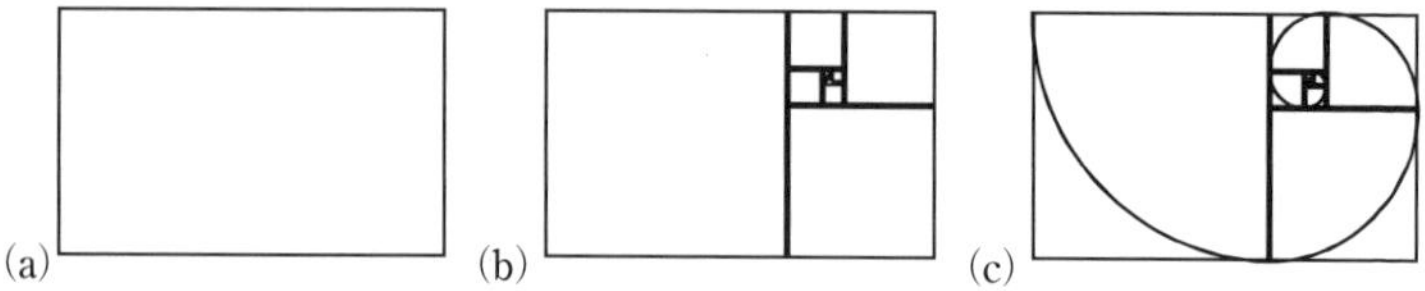

図 15－1　(a) 黄金比を持つ長方形。(b) 正方形を次々にとっていったところ：正方形をとった残りの長方形は元の長方形と同じ形である。(c) 対数螺旋との関係を示した図：なお、この螺旋は1/4の円弧をつないだ近似である

大で、実験科学という意味での心理学の範囲を超えることが多い。

芸術とは美の創造である、と規定するなら、実験美学（experimental aesthetics）という名の芸術心理学が存在する。実験美学は、精神物理学の祖フェヒナー（第7章）によって提唱された。フェヒナーは、美を論じるのに、哲学的・思弁的にではなく、科学的・実験的に取り扱おうとした。これを、「下からの美学」という。

実験美学には、たとえば、黄金分割の研究がある。黄金分割（golden section）とは、ある長方形から正方形をとった残りの長方形が元の長方形と形が同じである、というものである（図15–1）。その長辺と短辺の比を黄金比（1：0.618）とよび、黄金比を持つ長方形が最も美しいということを研究した。黄金分割は対数螺旋に対応する（図15–1(c)）。対数螺旋（logarithmic spiral）すなわちカタツムリや台風の渦巻きの形も、美しいものの基本形の一

図 15－2　対数螺旋で表されるパターンの例。 1本の対数螺旋（ベルヌーイの螺旋あるいは等角螺旋ともいう）は極座標系表示では、$r = ae^{k\theta}$ で表される。rは中心からの距離、θは回転角、aとkは定数である

つに数えられる（図15–2）。このことは、物理量（刺激量）と心理量（感覚量）との関係は、対数をとることで比例する関係になることが多いという事実と関係しそうである。フェヒナーの法則やスティーヴンスの法則（ともに第7章）を参照されたい。

図 15–3 金色の分析 口絵 8 を参照。金色は、彩度の低いオレンジ色の集まりである。左上の円の色は、R 211、G 196、B 141、左下の円は、R 180、G 135、B 20、右下の円は、R 123、G 106、B 62 である。この写真は、京都市北区の鹿苑寺・金閣（足利義満創建）である

セザンヌ（Cézanne, P., 1839–1906）以降の絵画を現代絵画とよぶ。セザンヌ以前は絵画は多かれ少なかれ物語・寓意・詩をテーマとして含むものであったのだが、セザンヌは絵画の構成要素（色、形、構図など）そのものの美を追求した。つまり、現代絵画の特徴は、絵そのもの、あるいは絵の構成要素の美を探求することである。

一般的には、無彩色よりも色がついているもののほうが美しい。色の中でも鮮やかな色のほうが美しいとされる傾向にある。もっとも、これには例外があって、金色は美しいとされるが、金色を要素に分解しても、彩度の低いオレンジ色が集まっているだけである（図15–3）。つまり、金色は美

しい要素が集まってできたものではなく、全体のゲシュタルトとして知覚される表面色（第6章）が美しいのである。

構図という点では、線遠近法の優位性がしばしば議論される。線遠近法（linear perspective）とは、視線と平行な二線は一点で収斂するように描き、*視線と垂直な面にのった平行な二線は平行に描くという技法である（図6－13(b)）。著者の研究では、網膜地図上では、前者は正しいが、後者は正しくない（図15－4）。視線と垂直な面に乗った平行な二線は曲がって表現したほうが、一般的で自然であるといえる。もちろん、見え方が自然であるほうが美しいかどうかという問題は、別の次元の話である。

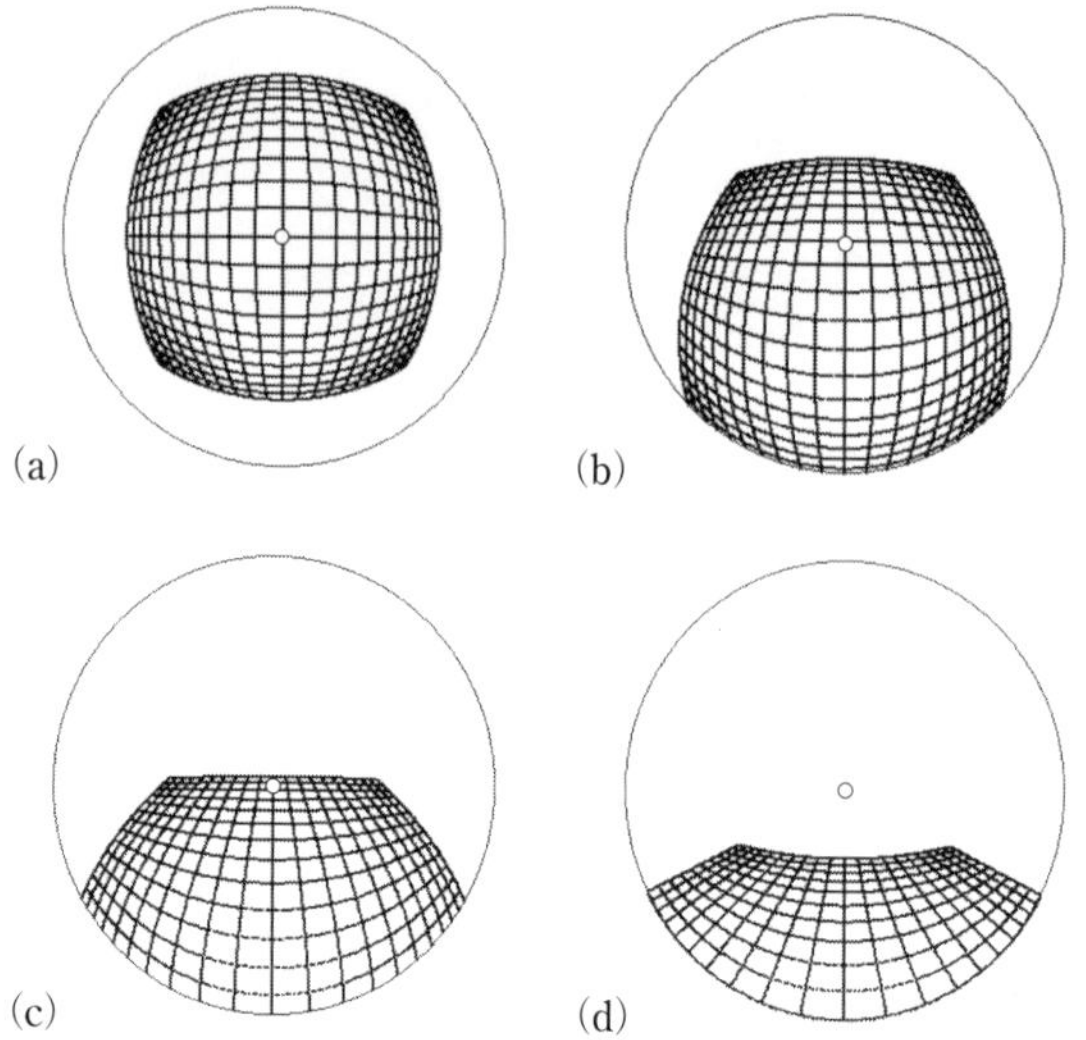

図 15－4　網膜座標系に投射する平面上の格子　(a) 視方向に垂直な平面上に 10 cm×10 cm の正方形を 20個×20個並べて、その中心を 50 cm 離れて見たところ。円の半径は視角 90 度を表し、中心が中心窩に相当する。(b) 30 度視線を上げたところ。(c) 60 度視線を上げたところ。(d) 90 度視線を上げたところ。(d) は、視線が格子の面に平行になったところである。そこでは、視線と平行な線は中心に収斂する直線となるが、視線と平行でない線は曲線となる

* 消失点（vanishing point）という。

フェルメール（Vermeer van Delft, J., 1632–1675）の絵画の人気を考えると、空間を感じさせる絵は美しいようである。フェルメールは明るさ変調と多視点の線遠近法を用いて空間を表現しているが、時々訪れるステレオグラムブームを考えると、単純な両眼立体視図形程度の空間表現でも十分美しさを持っているのではないかと推察される（図6–13(c)）。

キネティックアート（kinetic art：実際に動くオブジェの芸術）というものがあるように、運動感というものも美の源であるらしい。そうすると、知覚心理学において近年研究の盛んな静止画なのに動いて見える錯視（図6–11、6–12、7–3）が、心理学と芸術の距離を少しでも縮めることに貢献できるかもしれない。

あとがき

この本は、丸善出版事業部の小林秀一郎編集第一グループ長のご尽力で出版させていただいた心理学の概論書である。京大シリーズと名前がついているが、著者の所属は京都大学ではなく、同じ京都市内にある立命館大学で、京都大学では非常勤講師である。小林グループ長からこの本の出版について二〇〇四年四月に打診をいただいたとき、即座にＯＫした。心理学の概論書を書くのは何といっても心理学者の夢であると思ったからであった。

しかし、やはり無謀であった。この本を書くために勉強すればするほど、自分は心理学をろくに知らないことを思い知らされた。「無知の知」（ソクラテス）とはいいことばだが、本当に無知だったため実に大変だった。学生との知識の差は、何とか五十歩五百歩程度まで広げられたかもしれない。それでもなお、その向こうには心理学の大海が横たわっている……。しかし初めて心理学を学ぶ人のために親切ないろいろな工夫をしたので、その努力を評価していただけるとうれしい。

著者の専門は錯視の研究である。バランスよく書こうと思っていたが、結局、知覚心理学の章では錯視の分量が多くなってしまい、他章にまで進出している。白状すると、心理学で錯視研究が占める割合はこんなに大きくない。

また、私の主観としては、動物心理学、学習・記憶の心理学、認知心理学の章が淡白に仕上がってしまった。しかし、たとえば動物心理学には、おもしろくてためになる話がもっともっとある。

そのほか、主観的輪郭（subjective contour）、視覚的断崖（visual cliff）、ヴィゴツキー（Vygotsky, L. S.）の発達の最近接領域（zone of proximal development）など、心理学の概論書の定番もいくつか外れているので、本書を大学院入試の勉強に使用する場合は要注意であることを付け加えておく。

最後に認知心理学の資料をくださった服部雅史先生に感謝申し上げたい。また読者の方々から、この本へのご批判・ご意見等をお待ちしている。

二〇〇五年二月

北岡明佳

参考文献

第1章
粟田賢三、古在由重（編）『岩波哲学小辞典』岩波書店、一九七九
『新版心理学事典』平凡社、一九八一
『哲学事典』平凡社、一九七一
今田寛、宮田洋、賀集寛（編）『心理学の基礎・三訂版』、二〇〇三
サトウタツヤ、高砂美樹『流れを読む心理学史・世界と日本の心理学』有斐閣アルマ、二〇〇三
第2章
アメリカ精神医学会（編著）、高橋三郎・大野裕・染矢俊幸（訳）『DSM-IV-TR・精神疾患の分類と診断の手引き』医学書院、二〇〇三
リタ・L・アトキンソン、リチャード・C・アトキンソン、エドワード・E・スミス、ダリル・J・ベム、スーザン・ノーレン=ホークセマ（著）／内山一成（監訳）『ヒルガードの心理学』ブレーン出版、二〇〇二
大学院入試問題分析チーム（編）『臨床心理士指定大学院合格のための心理学キーワード辞典』オクムラ書店、二〇〇二
EMDR Institute, Inc. ホームページ https://www.emdr.com/index.htm （二〇〇五年一月一九日アクセス）
小川捷之（編）『臨床心理用語事典』至文堂、一九八一
氏原寛、成田善弘、山中康裕、亀口憲治、東山紘久（編）『心理臨床大事典・改定版』培風館、二〇〇四
第3章
大学院入試問題分析チーム（編）『臨床心理士指定大学院合格のための心理学キーワード辞典』オクムラ書店、二〇〇二

松田隆夫（編）『心理学概説』培風館、一九九七
村上宣寛、村上千恵子『性格は五次元だった［性格心理学入門］』培風館、一九九九
松原達哉（編著）『心理テスト法入門・第4版—基礎知識と技法習得のために—』日本文化科学社、二〇〇二
中島義明ほか（編）『心理学辞典』有斐閣、一九九九

第4章

萩尾重樹『超心理学入門—実験的探究と歴史』川島書店、一九九八
スティーブ・ハッサン（著）／浅見定雄（訳）『マインド・コントロールの恐怖』恒友出版、一九九三（ある宗教団体から退会した著者が、その宗教団体を破壊的カルトとして非難し、そのマインドコントロールのやり方を生々しく記述した書物）
増田善彦『「マインド・コントロール理論」その虚構の正体・知られざる宗教破壊運動の構図』光言社、一九九六（ハッサン著の「マインド・コントロールの恐怖」によって破壊的カルトと名指しされたある宗教団体からの反論の書で、淡々とした文章で記述しつつも説得力が大きく、宗教と心理学の関係を勉強するのにも適した好著）
松田道弘『あそびの冒険・全5巻』ブッキング（原本は筑摩書房から出版）、二〇〇一
松本滋『宗教心理学』東京大学出版会、一九七九
西田公昭『マインドコントロールとは何か』紀伊國屋書店、一九九五（破壊的カルト研究の第一人者による好著で、社会心理学のおもしろさを学ぶにも最適）
小川一夫（監修）『改定新版・社会心理学用語辞典』北大路書房、一九九五
J・B・ライン、C・G・ユングほか（著）／長尾力ほか（訳）『超心理学入門』青土社、一九九三
島薗進、西平直『宗教心理の探究』東京大学出版会、二〇〇一
グスタフ・ヤホダ（著）／塚本利明、秋山庵然（訳）『迷信の心理学』法政大学出版局、一九七九

第5章

M・W・アイゼンク（編）／野島久雄、重野純、半田智久（訳）『認知心理学事典』新曜社、一九九八
行場次朗、箱田裕司（編著）『知性と感性の心理・認知心理学入門』福村出版、二〇〇〇
市川伸一、伊東裕司（編著）『認知心理学を知る』ブレーン出版、一九八七

守一雄『認知心理学』岩波書店、一九九五
齋藤勇（監修）／行場次朗（編）『認知心理学重要研究集1・視覚認知』誠信書房、一九九五
齋藤勇（監修）／箱田裕司（編）『認知心理学重要研究集2・記憶認知』誠信書房、一九九六

第6章

北岡明佳『トリックアイズ』カンゼン、二〇〇二
北岡明佳『トリックアイズ2』カンゼン、二〇〇三
後藤倬男、田中平八（編）『錯視の科学ハンドブック』東京大学出版会、二〇〇五
日本視覚学会（編）『視覚情報処理ハンドブック』朝倉書店、二〇〇〇
大山正『視覚心理学への招待・見えの世界へのアプローチ』サイエンス社、二〇〇〇
大山正、今井省吾、和気典二（編）『新編感覚・知覚心理学ハンドブック』誠信書房、一九九四
松田隆夫『視知覚』培風館、一九九五

第7章

リタ・L・アトキンソン、リチャード・C・アトキンソン、エドワード・E・スミス、ダリル・J・ベム、スーザン・ノーレン=ホークセマ（著）／内山一成（監訳）『ヒルガードの心理学』ブレーン出版、二〇〇二
大山正、今井省吾、和気典二（編）『新編感覚・知覚心理学ハンドブック』誠信書房、一九九四
松田隆夫『知覚心理学の基礎』培風館、二〇〇〇

第8章

岩原信九郎『教育と心理のための推計学』日本文化科学社、一九五七
山内光哉『心理・教育のための統計法〈第2版〉』サイエンス社、一九九八

第9章

リタ・L・アトキンソン、リチャード・C・アトキンソン、エドワード・E・スミス、ダリル・J・ベム、スーザン・ノーレン=ホークセマ（著）／内山一成（監訳）『ヒルガードの心理学』ブレーン出版、二〇〇二
M・W・アイゼンク（編）／野島久雄、重野純、半田智久（訳）『認知心理学事典』新曜社、一九九八
松田隆夫（編）『心理学概説』培風館、一九九七

中島義明ほか（編）『心理学辞典』有斐閣、一九九九

第10章

今田寛、宮田洋、賀集寛（編）『心理学の基礎・三訂版』培風館、二〇〇三
松田隆夫（編）『心理学概説』培風館、一九九七

第11章

本郷利憲、廣重力、豊田順一、熊田衛（編）『標準生理学・第4版』医学書院、一九九六（現在二〇〇〇年刊の第5版が流通している）
今田寛、宮田洋、賀集寛（編）『心理学の基礎・三訂版』、二〇〇三
岩原信九郎『生理心理学』星和書店、一九八一
貴邑冨久子、根来英雄『シンプル生理学・改定第4版』南江堂、一九九九
松田隆夫（編）『心理学概説』培風館、一九九七
内村英幸（編）『情動と脳―精神疾患の物質的基礎―』金剛出版、一九八一

第12章

松田隆夫（編）『心理学概説』培風館、一九九七
小川一夫（監修）『改定新版・社会心理学用語辞典』北大路書房、一九九五
白樫三四郎、外山みどり（編）『社会心理学』八千代出版、二〇〇三

第13章

リタ・L・アトキンソン、リチャード・C・アトキンソン、エドワード・E・スミス、ダリル・J・ベム、スーザン・ノーレン=ホークセマ（著）／内山一成（監訳）『ヒルガードの心理学』ブレーン出版、二〇〇二
子安増生、二宮克美（編）『発達心理学〔改定版〕』新曜社、二〇〇四
松田隆夫（編）『心理学概説』培風館、一九九七

第14章

鹿取廣人、杉本敏夫（編）『心理学〔第2版〕』東京大学出版会、二〇〇四
大村彰道（編）『教育心理学Ⅰ　発達と学習指導の心理学』東京大学出版会、一九九六

C・ピーターソン、S・F・マイヤー、M・E・P・セリグマン（著）津田彰（監訳）『学習性無力感・パーソナル・コントロールの時代をひらく理論』二瓶社、二〇〇〇
坂西友秀、岡本祐子（編著）『いじめ・いじめられる青少年の心―発達臨床心理学的考察―』北大路書房、二〇〇四
第15章

笠井達夫、桐生正幸、水田恵三（編）『犯罪に挑む心理学・現場が語る最前線』北大路書房、二〇〇二
村山久美子『視覚芸術の心理学』誠信書房、一九八八
中島義明ほか（編）『心理学辞典』有斐閣、一九九九
サトウタツヤ、高砂美樹『流れを読む心理学史・世界と日本の心理学』有斐閣アルマ、二〇〇三
視覚デザイン研究所・編集室『巨匠に教わる絵画の見方』視覚デザイン研究所、一九九六
白樫三四郎、外山みどり（編）『社会心理学』八千代出版、二〇〇三
山根清道（編）『犯罪心理学』新曜社、一九七四
セミール・ゼキ（著）／河内十郎（監訳）『脳は美をいかに感じるか―ピカソやモネが見た世界』日本経済新聞社、二〇〇二

立体視……67
リハーサル（rehearsal）……99, 107
流動性知能……146
了解……21
了解心理学（comprehensive psychology）……21
両眼立体視（binocular stereopsis）……61, 68, 167
良心性（conscientiousness）……26
リンゲルマン効果（Ringelmann effect）……136
臨床心理学（clinical psychology）……7
臨床心理士……8, 18
臨床心理士認定資格試験……18

ル・ボン（Le Bon,G.）……137
類似性（similarity）……130
類似性の効果……36
類人猿（ape）……108
ルビンの盃（Rubin vase-face figure）……60
霊長類研究所……108

レヴィン（Lewin, K.）……116
レスコーラ（Rescorla, R. A.）……112
レスポンデント条件づけ
（respondent conditioning）……109
レミニセンス（reminiscence）……107
レム睡眠（REM sleep）……119
連合遊び……142

老年心理学（psychology of aging）……139
ログヴィネンコ錯視（Logvinenko illusion）……63
ロジャース（Rogers, C. R.）……17
ロック（Lock, J.）……5
ロフタス（Loftus, E. F.）……105
ロマーニズ（Romanes, G. J.）……113
ロールシャッハテスト（Rorschach Test）……28
ロンブローゾ（Lombroso, C.）……162

わ行

ワード・リーディング……45
ワイナー（Weiner, B.）……152
ワトソン（Watson, J. B.）……6

(method of magnitude estimation) ………72, 84
マクレランド（McClelland, J. L.）………………51
マズロー（Maslow, A. H.）……………………34, 115
マルクス（Marx, K. H.）………………………32
満腹中枢 ………………………………………126

味覚（taste）…………………………………79
ミネソタ多面人格目録（MMPI : Minnesota
Multiphasic Personality Inventory）…………27
ミュラー・リヤー錯視（Müller-Lyer illusion）…62

無意識 ………………………………………16, 33
無意識的推論（unconscious inference）………56
無意味綴り（nonsense syllable）………………107
無関帯（neutral zone）…………………………79
無条件刺激（USあるいはUCS：unconditioned
stimulus）……………………………………110
無条件の肯定的受容
(unconditional positive acceptance）…………17
無条件反射（unconditioned reflex）……………109
無力感 ………………………………37, 112, 154

名義尺度………………………………………88
明順応（light adaptation）………………………70
明所視（photopic vision）………………………71
迷信（superstition）……………………………23
迷信行動………………………………………23
命題（proposition）……………………………44
命題派…………………………………………44
メツラー（Metzler, J.）…………………………43
メモリー ………………………………………101
メルロ・ポンティ（Merleau-Ponty, M.）………6
面色（film color）………………………………58

妄想（dellusion）……………………………11, 14, 15
妄想型…………………………………………14
網膜（retina）…………………………………55,75
モーガン（Morgan, C. L.）……………………113
モーガンの公準（Morgan's canon）……………40
目撃証言の信頼性……………………………105, 161
モデリング（modeling）………………………114
モデリング療法（therapeutic modeling）………18
模倣（imitation）………………………………114
模倣学習 ………………………………………157
模倣学習（imitative learning）…………………114
モラトリアム（moratorium）…………………145
森田療法（Morita therapy）……………………11, 18
問題解決………………………………………42
問題箱（problem box）…………………………113

や行

薬物療法 ……………………………………………8, 14
役割行動 ……………………………………………138
谷田部・ギルフォード性格検査
(Y-G Personallity Test）…………………………28
やる気 ………………………………………………125
ヤング・ヘルムホルツの三色説
(Young-Helmholtz trichromanic theory）……75

唯心論（spiritualism）………………………………5
唯物論 ………………………………………………3
有意傾向……………………………………………93
有意差………………………………………………92
有意水準 …………………………………………89, 93
誘因（incentive）…………………………………116
友人 …………………………………………………144
優生学（eugenics）………………………………149
誘発電位（evoked potentional）…………………123
ゆとり教育 …………………………………………148
ユニーク色（unique color）…………………………75
指差し（pointing）…………………………………141
ユング（Jung, C. G.）……………………………2, 33

よいゲシュタルト……………………………………56
幼児期（early childhood）…………………………141
要素主義……………………………………………54
陽電子放射断層撮影装置
(PET : position emission tomography）………123
予期 …………………………………………………123
抑圧説 ………………………………………………100
欲求（need）………………………………………116
欲求階層説（need-hierarchy theory）……………115
四基本味……………………………………………79
四枚カード問題……………………………………47

ら行

来談者中心療法（client-centered therapy）………17
ライフイベント（life event）………………………146
ライン（Rhein, J. B.）………………………………41
ラット（rat）…………………………………………109
ラーニング目標 ……………………………………153
ラメルハート（Rumelhart, D. E.）…………………51
ランダムステレオグラム……………………………67

離人症（depersonalization）………………………12
リスキー・シフト（risky shift）……………………137
理性主義（合理理論）……………………………98
リーダーシップ ……………………………………138

表面色（surface color）……58
ピリシン（Pylyshyn, Z. W.）……44
比例尺度……88
ピンクノイズ……77

不安障害……9
不安神経症……10
フィック錯視（Fick illusion）……62
フェスティンガー（Festinger, L.）……132
フェヒナー（Fechner, G. T.）……5, 72
フェヒナ―の法則（Fechner's law）……72, 165
フェルメール（Vermeer van Delft, J.）……167
フォルス・コンセンサス（false consensus）…130
フォルマント構造……77
腹話術効果（ventriloquism effect）……78
符号化特定性原理（符号化特殊性原理 : encoding specificity principle）……100
縁上回（supramarginal gyrus）……127
フッサール（Husserl, E.）……6
物体認知……42
フット・イン・ザ・ドア（foot in the door）……36
物理量……69
不適応な行動……112
不登校（non school attendance）……158
フライディング法（flooding）……18
プライミング（priming）……104
フラストレーション攻撃仮説
（frustration-aggression hypothesis）……158
ブラックボックス……42
フーリエ解析（Fourier analysis）……77
プルキンエ現象（Purkinje phenomenon）……71
プルキンエシフト（Purkinje shift）……71
フレーザーの渦巻き錯視
（Fraser's spiral illusion）……62
フレーム（frame）……47
ブレーンストーミング（brain storming）……135
フロイト（Freud, S.）……10, 16, 33
ブローカ野（Broca's area）……127
プログラム学習（programed learning）……154
プロダクションシステム（production system）51
プロトコル分析（protocol analysis）……6
プロファイリング（profiling）……162
文化心理学（cultural psychology）……160
分散（variance）……96
分散分析（ANOVA : analysis of variance）……95
分散練習（distributed practice）……107
分裂気質（schizothymia）……24

ペイヴィオ（Paivio, A.）……44
平均（averageあるいはmean）……86
平行遊び……142
平衡感覚（equilibrium sense）……80
平行法……67
並列分散処理
（PDP : pararell distributed processing）……51
ベクトルファイル……44
ベータ波（beta wave ; β wave）……122
ベータ律動（beta rhythm）……122
ベナリー図形（Benáry figure）……64
ヘニング（Henning, H.）……80
ベム（Bem, D. J.）……133
へリングの反対色説
（Hering's opponent-color theory）……75
ヘルムホルツ（Helmholtz, H. L. F. von）……5,56
偏差値……89
変性意識状態（altered state of consciousness）35
ベンダー・ゲシュタルト検査
（BGT : Bender Gestalt Test）……29
扁桃体（amygdala）……126
弁別（discrimination）……70
弁別閾（discriminative threshold ; defferentioal limen）……70
弁別学習……104
返報性の規範（norm of reciprocity）……36

母音（vowel）……77
忘却（forgetting）……99
忘却曲線（forgetting curve）……107
防御行動……126
報酬（reward）……110, 124
報酬系（reward system）……124, 125
包摂関係……46
縫線核（raphe nucleus）……119
母集団分布……89
細身型……24
保存（conservation）……143
ポッゲンドルフ錯視（Poggendorff illusion）…62
ポップアウト（pop-out）……50
ポリグラフ検査……162
ホワイト効果（White's effect）……64
ホワイトノイズ……77
ポンゾ錯視（Ponzo illusion）……62

ま行

マインドコントロール（mind control）……35
マウス（mouse）……109
マガーク効果（McGurk effect）……78
マグニチュード推定法

認知的斉合性理論 ……133
認知的評価理論（cognitive evaluation theory） 151
認知的不協和理論
（cognitive dissonance theory） ……132
認知療法（behavior therapy）……18

音色（timbre）……76
ネズミ ……108
粘着気質（viscosity temperament） ……24

ノイズ（noise）……77
脳（brain）……118
脳幹（brainstem）……125
脳血管障害 ……146
脳磁計測装置
（MEG : magnetoencephalograph）……123
脳波（EEG：electroencephalogram） ……121
ノード……46
ノルアドレナリン（NA） ……119
ノンレム睡眠（non-REM sleep） ……119

は行

場（field）……116
バイオフィードバック法（biofeedback）……18
背側縦束（dorsal longitudinal fasciculus） ……126
ハイダー（Heider, F.）……131
パヴロフ（Pavlov, I. P.）……110
パヴロフ型条件づけ ……110
破壊的カルト（destructive cult）……35
破瓜型……14
パーキンソン病（Parkinson's disease） ……125
バークリー（Berkeley, G.） ……5
はずれ値……89
パーソナリティ……46
パーソナリティ検査
（性格検査：personality test） ……27
パーソナリティ障害（personality disorder）
……15, 162
パーソナリティの心理学……20
罰（punishment）……112
罰系 ……124
発見学習（discovery learning） ……151
発生的認識論（genetic epistemology） ……53
発達（development） ……139
発達心理学（developmental psychology） ……139
発達の最近接領域
（zone of proximal development） ……169
バッファ ……101
パーテン（Parten, M.） ……141
ハト ……108
ハードディスク ……42, 101
パニック障害（panic disorder） ……10
パニック発作（panic attack） ……10
パフォーマンス目標 ……153
パーマー（Palmer, J. C.） ……105
早い痛み（fast pain） ……79
バランス理論（balance theory）……131
ハル（Hull, C. L.）……6, 117
反抗期（negativistic age） ……141
犯罪者の更生 ……161
犯罪心理学（criminal psychology） ……161
反社会的パーソナリティ障害
（antisocial personality disorder） ……162
汎性視床投射系
（diffuse thalamic projection system） ……118
半側空間無視 ……128
反対色……76
判断……42
バンデューラ（Bandura, A.） ……114, 154
反応（行動） ……1, 42
反応時間（reaction time） ……43,82

美 ……164
ピアジェ（Piage, J.） ……53, 142
被暗示性（suggestibility） ……35
被害者学（victimology）……161
比較刺激（comparison stimulus） ……83
比較心理学（comparative psychology） ……108
被験者……82
被験者間計画……94
被験者内計画……94
非合理性……30
非指示療法 ……18
ビジネス心理学（psychology of business）……160
被験体……82
ヒステリー（hysteria）……11
ビッグファイブ（Big Five） ……26
ビットマップ……43
ヒト（*Homo sapiens*）……108
ビトゥウィーン（between） ……94
一人遊び ……141
ビネー式知能検査（Binet test）……149
肥満型……24
ヒューム（Hume, D.） ……5, 32
標準誤差（SE : standard error） ……91
標準偏差（SD : standard deviation） ……87
評定尺度法（rating method） ……84
標本分布 ……91

チンパンジー ……113

痛覚（pain）……79
ツェルナー錯視（Zöllner illusion）……62
月の錯視（moon illusion）……63

ディシ（Deci, E. L.）……151
ティチェナー（Titchener, E. B.）……6
テイラー（Taylor, J.）……28
定量化……82
ディルタイ（Dilthey, W.）……21
デカルト（Descartes, R.）……5
適性処理交互作用
（ATI : aptitude-treatment interaction）……154
手品……38
デシベル（dB）……77
テスト刺激（test stimulus）……83
データ……82
データのばらつき……86
哲学……5
手続き記憶（procedural memory）……104
デュルケム（Durkheim, E.）……33
デルタ波（delta wave ; δ wave）……122
デルタ律動（delta rhythm）……122
転換型ヒステリー……12
天才の家系の研究……149
展望的記憶（prospective memory）……103

同一性拡散（identity diffusion）……145
動因（drive）……116
動因低減説（drive reduction theory）……117
投影法（projective technique）……28
ドウェック（Dweck, C. S.）……153
同化（assimilation）……142
動機づけ（motivation）……116, 125
道具的条件づけ（instrumental conditioning）……111
統計検定……90
統計的仮説検定（testing statistical hypothesis）90
統合失調症（schizophrenia）……14
動作性IQ……150
洞察（insight）……113
闘志型……24
等色実験（color matching）……75
統制群……86
統制の位置（locus of control）……152
統制不可能な事態……153
同調（conformity）……37, 134
逃避行動（escape behavior）……112, 153
動物行動学（ethology）……108
動物心理学（animal psychology）……108
透明視（perceptual transparency）……61
特殊的好奇心……150
特性（trait）……21, 26, 46
特性帰属……152
特徴探索（feature search）……50
トークンエコノミー法（token economy）……18
ドーパミン（DA）……124
ドーパミン作動系……125
トポロジー心理学（位相幾何学的心理学：
topological psychology）……161
トムソン（Tomson, D. M.）……100
トラウマ（trauma）……10, 16
トラッキング法（tracking method）……83
トランスパーソナル心理学
（transpersonal psychology）……40
トリーズマン（Treisman, A.）……50

な行

内観法（introspection）……6
内向（introversive type）……23
内集団びいき（ingroup favoritism）……134
内臓緊張型気質……25
内胚葉型……24
内発的動機づけ（intrinsic motivation）……151
内容心理学（content psychology）……160
喃語（babbling）……141

二語文……141
二次的強化子（secondary reinforcer）……114
二次的欲求（secondary need）……115
二点弁別閾
（two-point discriminative threshold）……78
日本臨床心理士資格認定協会……18
ニューウェル（Newell, A.）……51
乳児期（infancy）……141
ニューカム（Newcomb, T. M.）……131
ニューロン……119
人間性心理学（humanistic psychology）……31
人間の理解……7
人間本位（human nature）……32
認知（cognition）……53
認知行動療法（cognitive behavior therapy）……11, 18
認知症（痴呆）……146
認知心理学（cognitive psychology）……39, 42
認知的一貫性理論
（cognitive consistency theory）……133
認知的葛藤（cognitive conflict）……45, 151
認知的均衡理論（cognitive balance theory）……131

セロトニン（5HT）……119
線遠近法（linear perspective）……166
線遠近法説（linear perspective theory）……61
線遠近法的手がかり……68
宣言的記憶（declarative memory）……103
前向性健忘（anterograde amnesia）……101
潜時（latency）……43
前操作機（preoperational period）……143
前庭機能（vestibular function）……80
洗脳（brainwashing）……35
全般性不安障害（generalized anxiety disorder）10
選民的意識……37

相関係数（correlation coefficient）……26
造形心理学……163
操作（operation）……143
操作主義（operationalism）……2
双生児統制法（co-twin control）……139
創造性……114
相貌失認……128
相補性（complementarity）……130
ソーンダイク（Thorndike,E.L.）……113
即時確認の原理……155
側抑制説（lateral inhibition theory）……64
素朴実在論（native realrism）……3
粗密度……76

た行

第二種の誤り（type Ⅱ error）の大きさ……93
体育心理学
（psychology of physical education）……160
第一次性徴……144
第一種の誤り（type Ⅰ error）の大きさ……93
体外離脱体験（out-of-body experience）……128
対象の永続性（object permanence）……143
対人魅力（interpersonal attraction）……129
大数の法則……40
対数螺旋（logarithmic spiral）……164
態度変容……36
第二次性徴……144
第二の誕生……144
大脳……101
大脳半球……126
大脳辺縁系（limbic system）……125
タイプA行動型（Type A behavior pattern）……25
台本・脚本……48
対立仮説……91
タジフェル（Tajfel, H.）……133
他者の視線……141
多重人格……12
多重比較（multiple comparison）……96
多神教……32
妥当性尺度……28
ターナー（Turner, J. C.）……133
田中・ビネー式知能検査……150
タブラ・ラーサ……140
多変量解析……26
タルヴィング（Tulving, E.）……100
短期記憶（short-term memory）……101
単純接触効果（mere exposure effect）……36, 130

地（ground）……59
遅延再生課題……106
知覚（perception）……38, 53, 139
知覚学習（perceptual learning）……53
知覚心理学（psychology of perception）……54
知識……47
地誌的障害……128
知性（intellect）……27, 148
知的好奇心（epistemic curiosity）……150
知能（intelligence）……42, 149
知能指数（IQ : intelligence quotient）……149
知能テスト……162
チャンク（chunk）……102
注意（attention）……39, 42, 45, 50, 123
注意欠陥・多動障害（ADHD : attention-deficit hyperactivity disorder）……155
中心窩……166
中脳辺縁系ドーパミン作動系ニューロン……124
中胚葉型……24
聴覚……76
超感覚的知覚（ESP : extrasensory perception）40
長期記憶（long-term memory）……101
長期新近性効果（long-term recency effect）……106
超自我（super ego）……17
超自然的現象……38
超常現象……40
超常体験……40
超心理学（parapsychology）……40
調整法（method of adjustment）……83
調節（accommodation）……142
丁度可知差異（just noticeable difference）……70
超能力（supernatural power）……39, 40
超能力者……39
超能力ショー……39
貯蔵（storage）……98
直観像（eidetic imagery）……44
地理的プロファイリング……162

人工知能モデル……51
心神耗弱……15
心身症（PSD : psychosomatic disease）……12
心神喪失……15
心身二元論……3, 5
新生児期（neonatal period）……140
身体緊張型気質……25
身体像（body image）……78
身体的老化……146
心的イメージ（mental imagenary）……42, 43
心的イメージの二重コード理論
（dual-code theory of imagery）……44
心的外傷後ストレス障害
（post-traumatic stress disorder）……8
心的回転（mental rotation）……43
心的過程の実体性……42
真にランダムな統制手続き
（truly random control procedure）……112
神秘的体験……33, 34
深部感覚……78
心理学（psychology）……1
心理言語学（psycholinguistics）……160
心理データ……82
心理的離乳（psychological weaning）……144
心理統計学……41, 82
心理物理学……69
心療内科……8
心理量（感覚量）……69
心理療法……8, 16
心霊術（spiritualism）……39
神話……33

図（figure）……59
随伴陰性電位（CNV）……123
随伴性……111
睡眠……118
睡眠障害……13
数理心理学（mathmatical psychology）……159
スキナー（Skinner, B. F.）……6, 23, 111, 154
スキナー型条件づけ……111
スキーマ（schema）……47, 142
スクールカウンセラー……19
スクリプト（script）……48
図地反転図形（reversible figure-ground figure）60
鈴木・ビネー式知能検査……150
スタンフォード・ビネー式知能検査……150
スティーヴンス（Stevens, S. S.）……72
スティーヴンスのベキ法則
（Stevens' power law）……72
スティーヴンスの法則（Stevens' law）……72, 165
ステレオグラムブーム……167
ストーキング（stoking）……158
ストーリー……48
ストループ効果（Stroop effect）……45
頭脳緊張型気質……25
スピルマン（Spillman, L.）……65
スペクトル……73
スモールステップの原理……155

斉一性への圧力（pressure toward uniformity）137
性格……20
性格心理学（personality psychology）……20
性格特性論（personality trait therapy）……21
性格類型論（personality typology）……21
生活空間（life space）……116
生起確率……89
正規分布……88
性行動……125
静止画なのに動いて見える錯視……65, 167
政治心理学（political psychology）……159
成熟優位説……139
精神科……8
精神科医……8
精神遅滞（mental retardation）……156
精神年齢（MA : mental age）……149
精神病（psychosis）……14
精神病質……15, 162
精神物理学……69
精神分析（psychoanalysis）……16, 100
精神分裂症……14
精緻化（elaboration）……99
精緻化リハーサル（elaborative rehearsal）……99
生得説……98
青年心理学（adolescence psychology）……144
性の発達段階への固着……23
青斑核（locus coeruleus）……119
生来的犯罪人……162
生理学……128
生理心理学（physiological psychology）……118
セザンヌ（Cézanne, P.）……165
積極的反応の原理……155
摂食行動……125
摂食中枢……126
説得……36
節約率（saving ratio）……107
セラピスト（therapist）……16
セリグマン（Seligman, M. E. P.）……153
セールス……38

実験群（experimental group）……86
実験心理学（experimental psychology）……4
実験美学（experimental aesthetics）……164
湿度感覚（temperature sensation）……78
失読 ……127
質問紙法（questionnaire method）……27
実用論的（pragmatic）規則 ……52
質料（matter）……55
自伝的記憶（autobiographical memory）……103
自動運動（autokinesis）……134
自動化 ……104
児童期（childhood）……142
児童心理学（child psychology）……140
自分探し ……144
自閉症（autism）……156
社会心理学（social psychology）……129
社会心理学的技法……36
社会的アイデンティティ理論
（social identity theory）……133
社会的学習理論（social learning theory）……114
社会的促進（social facilitation）……136
社会的手抜き（social loafing）……136
社会的抑制（social inhibition）……136
社会心理学……36
ジャストロー錯視（Jastraw illusion）……62
シャピロ（Shapiro, F.）……10
宗教（religion）……30
宗教勧誘……38
宗教心理学（psychology of religion）……30
集合行動（collective behavior）……138
集合的無意識 ……2
集団（group）……133
集団圧力（group pressure）……137
集団凝集性（group cohesiveness）……133
集団極化（group polarization）……137
集団思考（groupthink）……136
集団的浅慮 ……136
縦断法（longitudinal method）……146
集中練習（massed practice）……107
自由度（degree of freedom）……91
周辺ドリフト錯視（peripheral drift illusion）……81
自由連想法（free association method）……17
主観的概念論（subjective idealism）……5
主観的等価点（PSE : point subjective equality）82
主観的輪郭（subjective contour）……169
熟達 ……139
呪術的行為……33
出生前心理学（prenatal psychology）……140
受動的回避……37
シュプランガー（Spranger, E.）……21
順位尺度……88
循環気質（cyclothymia）……24
順向抑制（proactive inhibition）……106
順応（adaptation）……66, 70, 79
生涯発達心理学
（life-span development psychology）……139
消去（extinction）……111
消去抵抗（resistance to extinction）……111
条件刺激（CS : conditioned stimulus）……110
条件づけ（conditioning）……109
条件反応（CR : conditioned response）……110
上行性網様体賦活系
（ascending reticular activating system）……118
消失点 ……166
少数派差別……22
少数派の影響……37
情緒障害……28
少年の非行と矯正 ……161
情報科学……42
情報処理（informational processing）……42
情報の転送……42
情報の符号化（encoding）……99
処遇 ……163
職業心理学（vocational psychology）……160
書字不能 ……127
触覚（tactual sensation）……78
初頭効果（primary effect）……106
徐波（slow wave）……122
自律訓練法（autogenic training）……18
白さ・明度（lightness）……57
人格……20
人格障害 ……15
人格心理学……20
人格崩壊……14
進化心理学（evolutionary psychology）……160
進化論 ……161
心気症（hypochondriasis）……12
新近性効果（recency effect）……106
神経科 ……8
神経回路モデル（neural net model）……51
神経細胞（ニューロン、neuron）……51, 119
神経症（neurosis）……10
神経症的傾向（neuroticism）……27
神経心理学（neuropsychology）……160
神経性食欲不振症（anorexia nervosa）……12
神経性大食症（bulimia nervosa）……12
神経生理学（neurophysiology）……118
神経伝導 ……121

個人差（individual difference）……………………20, 86
コスリン（Kosslyn, S. M.）……………………………44
個性（individuality）……………………………………20
個性化（individuation）…………………………………31
コックス（Cox, J. R.）…………………………………50
ゴッダード（Goddard, H. H.）………………………162
古典的条件づけ（classical conditioning）…18, 110
古典的モラトリアム ………………………………145
五%有意水準……………………………………………94
コフカ（Koffka, K.）……………………………………6
コーホート（cohort）…………………………………146
コミュニケーションの欲求 …………………………115
コリンズ（Collins, A. M.）……………………………46
ゴールドン（Galton, F.）……………………………149
語呂合わせ………………………………………………99
混色………………………………………………………74
コントロール群（control group）……………………86
コンピテンス（competence）………………………151
コンピュータ …………………………………………101
コンピュータ支援の教授・学習システム
（CAI : computer-assisted instruction system）155
コンピュータプログラム ……………………………51

さ行

サイ（psi）………………………………………………40
再学習法（relearning method）………………………107
再現性……………………………………………………40
サイコロジー ……………………………………………1
差異心理学（differential psychology）………………20
再生（recall）………………………………………98, 101
再認（recognition）……………………………………101
催眠（hyponosis）………………………………………35
詐欺………………………………………………………38
作業記憶（ワーキングメモリー：working memory）……………………………………102, 146
作業検査法（performance test）………………………29
錯視（visual illusion）……………………………38, 61
錯体（cone）……………………………………………75
サブリミナル……………………………………………70
作用心理学（act psychology）………………………161
サル（monkey）………………………………………108
躁うつ病…………………………………………………13
躁状態……………………………………………………13
産業心理学（industrial psychology）………………160
三項関係 ………………………………………………141
三項強化随伴性
（three-term contingencies of reinforcement） 111
子音（consonant）………………………………………77
ジェームズ（James, W.）………………………………33
ジェームズ・ランゲ（James-Lange theory）…133
シェパード（Shepard, R. N.）…………………………43
シェパード錯視…………………………………………44
シェマ ……………………………………………………143
シェリフ（Sherif, M.）…………………………………134
シェルドン（Sheldon, W. H.）…………………………24
シェルドンの体型による類型論………………………24
自我（ego）……………………………………………17, 141
視覚（vision）……………………………………………54
視覚一次野（VI）………………………………………76
視覚的断崖（visual cliff）……………………………169
視覚的探索（visual search）……………………………50
視覚的補足（visual capture）…………………………78
視覚優位（visual dominance）…………………………78
自我同一性（ego identity）…………………………145
色覚の段階説（stage theory of color vision）……75
弛緩訓練 …………………………………………………9
色彩視……………………………………………………73
刺激（stimulus）…………………………………………70
刺激（環境変数）……………………………………1, 42
刺激閾（stimulus threshold ; stimulus limen）…70
刺激頂（terminal stimulus ; terminal threshold）70
刺激性制御………………………………………………111
刺激量……………………………………………………69
自己意識 ………………………………………………138
自己一致（self-congruence）…………………………17
思考 ……………………………………………………42, 113
思考錯誤学習（trial-and-error learning）………112
思考心理学
（psychology of physical education）…………160
至高体験（peak experience）…………………………34
自己開示 ………………………………………………138
自己啓発セミナー………………………………………34
自己決定（self-determination）………………………151
自己効力（self efficacy）……………………………154
自己刺激（self-stimulation）…………………………125
自己実現（self-actualization ; self-realization）
……………………………………………………31, 116
自己知覚理論（self-perception theory）…………133
自殺………………………………………………………13
事象関連電位
（ERP ; event-related potentional）………………122
自傷行動…………………………………………………16
姿勢反射…………………………………………………80
自尊心 …………………………………………………138
下からの美学 …………………………………………164
シータ波（theta wave ; θ 波）………………………122
シータ律動（theta rhythm）…………………………122

共鳴動作（co-action）……140
虚偽の記憶（false memory）……104
極限法（method of limits）……83
キリアン（Quillian,M.R.）……46
金色……165
近赤外線分光法
（NIRS : near infrared spectroscopy）……124
近接性（propinquity）……130
緊張型……14

空間……167
具体的操作期（period of concrete operations）143
クライエント（client : 来談者）……8, 16
グリッグズ（Griggs, R. A.）……50
グループ・カウンセリング（group counseling）……34
クレッチマー（Kretschmer, E.）……23
クレッチマーの体型による類型論……23
群化……99
群集（crowd）……137
群衆行動（crowd behavior）……138

経験主義（経験論）……5, 98
経済心理学（economic psychology）……159
計算機科学……42
形式的操作期（period of formal operation）……143
芸術……163
芸術心理学（psychology of art）……163
芸術療法（art therapy）……18
形相（form）……55
系統的脱感作法（systematic desensitization）9, 18

計量心理学（psychometrics）……159
系列位置曲線（serial position curve）……106
系列位置効果……105
ゲシュタルト……54, 166
ゲシュタルト心理学（Gestalt psychology）5, 6, 54
ゲゼル（Gesell, A. L.）……139
血液型気質相関説……22
結果期待（outcome expectation）……154
結合探索（conjunction search）……51
結晶性知能……146
ケーラー（Köhler, W.）……6, 113
原因帰属……152
原因の所在（locus of causality）……152
嫌悪療法（aversion therapy）……18
幻覚（hallucination）……11, 14, 15
言語……42
健康心理学（health psychology）……160
言語心理学（psychology of language）……159
言語性 IQ……150
言語のメカニズム……47
言語野（speech area）……126
顕在性不安検査
（MAS : Manifest Anxiety Scale）……28
検索（retrieval）……46, 99
検索失敗説……100
検出力（power）……93
現象学（phenomenology）……6
減衰説……100
現代的モラトリアム……145
検定力……93
腱反射……110
健忘（amnesia）……101
減法混色……74

語彙ネットワーク（lexical network）……46
効果の法則（law of effect）……113
高機能自閉症（hyper-functional autism）……156
後期陽性電位（P300 あるいは P3）……123
航空心理学（aviation psychology）……160
攻撃行動……125, 138
交差法……67
高次脳機能障害……101
恒常性（constancy）……55
恒常法（method of constant stimulus）……83
構図……166
構成主義……6, 54
向精神薬……15
構成的心理学（structual psychology）……160
光沢（luster）……59
交通心理学（traffic psychology）……160
行動科学（behavioral science）……2
行動経済学……159
行動主義（behaviorism）……1, 6, 42
行動療法（behavior therapy）……11, 18, 155
広汎性発達障害
（pervasive developmental disorder）……156
合理化（rationalization）……132
合理情動療法（rational-motive therapy）……18
交流分析（transactional analysis）……18
効力期待（efficiancy expectation）……154
五基本味……79
刻印づけ（inprinting）……109
こころの科学……1
心の理論（theory of mind）……156
誤差逆伝播法（back propagation）……52
コーシャス・シフト（cautious shift）……137

学習理論……………………………18, 37, 154
覚醒 ……………………………………118
拡張的知能観 ……………………………153
角膜反射 …………………………………109
確率密度関数……………………………89
陰（shade）………………………………68
影（shadow）……………………………68
仮視運動（apparent movement）…………54
過正当化（overjustification effect）………151
仮説実験授業 ……………………………155
画像化 ……………………………………124
加速度の感覚……………………………80
家族療法（family therapy）………………18
形の恒常性（shape constancy）…………56
カタルシス（catharsis）…………………16
可聴域……………………………………76
学校教育 …………………………………148
学校心理学（school psychology）………155
活性化……………………………………49
仮定された類似性（assumed similarity）………130
カテゴリー尺度法（method of category scale） 85
カテゴリー色（categorinical color）………76
カナー型（Kanner type）…………………156
カーネマン（Kahneman, D.）……………159
カフェウォール錯視（Café Wall illusion） …62, 93
加法混色…………………………………74
かゆみ（itch） ……………………………79
カラー・ネーミング………………………45
カラーワード・ネーミング………………45
カリスマ性………………………………37
カールスミス（Carlsmith, J. M.）…………132
カルト……………………………………34
感覚（sensation） …………………………53
感覚運動期（sensorimotor period）………143
間隔尺度…………………………………85,88
感覚遮断…………………………………53
感覚性失語症（sensory aphasia）…………127
眼球運動による脱感作と再処理法（eye moment desensitization and reprocessing） ……………9
監禁………………………………………38
観察学習（observational learning） ………114
観察者効果（audience effect） ……………136
感受性訓練（sensitivity training） …………34
干渉説 ……………………………………100
関数電卓…………………………………87
桿体（杆体）（rod） ………………………75
カント（Kant, I.） …………………………6
観念の連合 ………………………………5
記憶（memory） …………………………42, 98, 123
記憶障害（memory disorder） ……………101
記憶の状態依存（state-dependent memory）…100
記憶の体制化（organization of memory）………99
記憶の転送 ………………………………101
記憶の文脈依存（context-dependent memory）100
機械受容感覚（mechanoreception） ………78
幾何学的錯視（geometrical illusion）………61
危険率……………………………………93
気質………………………………………20
奇術（magic）……………………………38
奇術師……………………………………39
帰属（attribution） …………………………152
帰属理論（attribution theory） ……………152
基礎的休息活動周期
（BRAC : basic rest-activity cycle）…………120
輝度（luminance）…………………………57
キネティックアート（kinetic art） …………167
機能心理学（functional psychology） ………161
機能的MRI（fMRI : functional magnetic resounance imaging） ……………………123
機能的左右差（laterality）…………………128
機能的自律性（functional autonomy） ………115
ギブソン（Gibson, J. J.） …………………53
帰無仮説…………………………………90
記銘（memorization） ……………………98
逆行抑制（retroactive inhibition）…………106
逆説睡眠（paradoxical sleep） ……………120
虐待（abuse） ……………………………158
キャッテル（Cattell, R. B.）………………26
ギャングエイジ（gang age）………………142
キャンセル法（method of cancellation） ………83
嗅覚（olfaction） …………………………80
教育心理学（educational psychology）………148
教育プログラム …………………………163
強化（reimforcement） ……………………52, 110
境界例（borderline case）…………………16
強化子（reinforcer）………………………110
共感的理解（empathic understanding）………17
共行動効果（co-action effect） ……………136
教師信号（supervised signal）……………52
強制承諾（forced complience）の実験 ………132
協調性（agreeableness）…………………26
共同遊び …………………………………142
京都大学 …………………………………108
強迫観念 …………………………………11
強迫行動 …………………………………11
強迫神経症（obsessive-compulsive neurosis） …11
恐怖症（phobia） …………………………11

色の恒常性（color constancy）……59
色の対比（color contrast）……64
色の同化（color assimilation）……64
色のホワイト効果……64
因子分析（factor analysis）……26
飲水行動……125

ヴィゴツキー（Vygotsky, L. S.）……169
ウィズイン（within）……95
ウェイソン課題（Wason's selection task）……47
ウェクスラー式知能検査
（Wechsler's diagnostic intelligence test）……149
ウェーバーの法則（Weber's law）……73
ウェーバー比（Weber's ratio）……73
ウェルトハイマー（Wertheimer, M.）……6, 54
ウェルニッケ野（Wernicke's area）……127
ウォルピ（Wolpe, J.）……9
動く錯視……65
うそ発見器……162
内側前脳束（medial forebrain bunble）……125
内田・クレペリン精神作業検査
（Uchida-Kraepelin Performance Test）……29
うつ状態……13
うつ病（depression ; melancholia）……13
ヴント（Wundt, W.）……4, 6
運動残効（motion aftereffect）……66
運動視（motion perception）……66
運動性失語症（motor aphasia）……127

エイムズの部屋……57
エクセル……87
エッシャー（Escher, M. C.）……60
エピソード記憶（episode memory）……103
エビングハウス（Ebbinghaus,H.）……107
エリクソン（Erikson, E. H.）……145
演繹論理……49
エンカウンター・グループ（encounter group）34
遠隔色対比……64
援助……7
援助行動……138

黄金分割（golden section）……164
横断法（cross-sectional method）……146
応報感情……161
応用心理学（applied psychology）……4
オオウチ錯視（Ouchi illusion）……65
大きさの恒常性（size constancy）……55
オカルト……40
小比木啓吾……145
オズグッド（Osgood, C. E.）……85
オズボーン（Osborn, A. F.）……135
遅い痛み（slow pain）……79
オッペル・クント錯視（Oppel-Kundt illusion）62
音（sound）……76
音の大きさ（loudness）……76
音の高さ（pitch）……76
オドボール課題（odoball task）……123
オブジェクト指向プログラミング
（object oriented programming）……55
オペラント（operant）……110
オペラント学習……110
オペラント条件づけ（operant conditioning）
……18, 110
オペラント水準（operant level）……111
親子関係……144
オールポート（Allport, G. W.）……25
音楽心理学（psychology of music）……159
音源定位（sound localization）……77
音声（voice）……77

か行

絵画派（イメージ派）……43
外見……129
外向（extroversive type）……23
開口色（aperture color）……58
外向性（extraversion）……26
回顧的記憶（retrospective memory）……103
概念……46
海馬（hippocampus）……101
外胚葉型……25
回避行動（avoidance behavior）……112, 153
解剖学……128
開放性（openness）……27
解離型ヒステリー……12
解離性同一障害……12
カウンセラー……8
科学的合理性……30
楽音（musical tone）……76
各回（angular gyrus）……127
拡散的好奇心……150
学習（learning）……42, 98, 139
学習者自己ペースの原理……155
学習障害（LD : learning disablitities）……155
学習性無気力状態（learned helplessness）……9
学習性無力感（learned helplessness）……153
学習説……98
学習と記憶の心理学
（psychology of learning and memory）……98

索　引

3R …… 9
ABO 血液型性格分類 …… 22
A-B-X モデル …… 131
ACT*（アクトスター） …… 51
CMI（Cornell Medical Index） …… 28
DSM-Ⅳ（diagnostic and statistical manual of mental diseaseⅣ） …… 8
EMDR …… 9
EPPS（Edwards Personal Preference Schedule） 28
ESPカード …… 41
F 検定 …… 95
L 錯体 …… 75
MST 野 …… 66
MT＋野 …… 67
MT 時 …… 66
M 錯体 …… 75
N400 …… 123
P-F スタディ（Picture-Frustration Study） …… 28
P-O-X モデル（P-O-X-model） …… 131
PTSD …… 8
SD 法 …… 84
Soar …… 51
S 錯体 …… 75
TAT（Thematic Apperception Test） …… 28
t 傾向（t test） …… 93
t 検定 …… 90
T 接合部（T-junction） …… 68
t 分布 …… 91
WAIS（Wechsler Adult Intelligence Scale 改訂版はWAIS-R） …… 150
WISC（Wechsler Intelligence Scale for Children 改訂版はWISC-R） …… 150
WPPSI（Wechsler Preschool and Primary Scale of Intelligence） …… 150
z 分布 …… 92

あ行

アイゼンク（Eysenck, H. J.） …… 26
アイデンティティ …… 145
青色発光ダイオード …… 71
明るさ・まぶしさ（brightness） …… 57
明るさの恒常性（lightness constancy） …… 57
明るさの錯視 …… 63
明るさの対比（lightness contrast） …… 63
明るさの同比（lightness assimilation） …… 63
アスペルガー症候群（Asperger syndrome） …… 156
遊び …… 141
圧覚（pressure sensation） …… 78
アッシュ（Asch, S. E.） …… 134
後言語皮質（posterior speech cortex） …… 127
アハー体験（aha experience） …… 113
アフォーダンス（affordance） …… 53
アメリカ精神医学会 …… 8
アリストテレス（Aristoteles） …… 5
アリストテレスの錯覚（Aristotle's illusion） …… 5
アルツハイマー病 …… 146
アルファ波（alpha wave ; α wave） …… 121
アルファ律動（alpha rhythm） …… 121
暗順応（darl adaptation） …… 71
暗所視（scotopic vision） …… 71
アンダーソン（Anderson, J. R.） …… 44, 51
安定性（stability） …… 152

鋳型 …… 54
閾下刺激（subliminal stimulus） …… 70
閾下知覚（subliminal perception） …… 70
閾上刺激（supraliminal stimulus） …… 70
閾値（threshold） …… 70, 82
意識 …… 42
意識心理学（consciousness psychology） …… 160
意思決定 …… 123
異質線条体系（nigrostriatal system） …… 125
いじめ（bullying） …… 157
異常心理学（abnormal psychology） …… 160
維持リハーサル（maintenance rehearsal） …… 99
異性への関心 …… 144
イソップ物語 …… 133
一%有意水準 …… 94
一語文（one ward sentence） …… 141
一次的強化子（primary reinforcer） …… 114
一次的欲求（primary need） …… 115
一貫性（consistency） …… 131
一神教 …… 31
一対比較法（method of paired comparison） …… 85
イド（id） …… 17
意味記憶（semantic memory） …… 103
意味ネットワーク（semantic network） …… 46
意味のメカニズム …… 47
イメージ論争 …… 43
医療 …… 7

現代を読み解く心理学　〈京大人気講義シリーズ〉

平成17年3月31日　発　　行
平成30年12月30日　第10刷発行

著作者　北　岡　明　佳

発行者　池　田　和　博

発行所　丸善出版株式会社
〒101-0051 東京都千代田区神田神保町二丁目17番
編集：電話(03)3512-3264／FAX(03)3512-3272
営業：電話(03)3512-3256／FAX(03)3512-3270
https://www.maruzen-publishing.co.jp

組版印刷・日経印刷株式会社／製本・株式会社 松岳社

ISBN 978-4-621-07544-9 C1311　Printed in Japan